hannah arendt e karl marx

O MUNDO DO TRABALHO

EUGÊNIA SALES WAGNER

hannah arendt e karl marx

O MUNDO DO TRABALHO

Copyright © 2000 Eugênia Sales Wagner
Direitos reservados e protegidos pela Lei 9.610 de 19.02.1998.
É proibida a reprodução total ou parcial sem autorização, por escrito, da editora.

1ª edição – 2000
2ª edição – 2002
3ª edição – 2018

Dados Internacionais de Catalogação na Publicação (CIP)
(Câmara Brasileira do Livro, SP, Brasil)

Wagner, Eugênia Sales
   Hannah Arendt & Karl Marx: O Mundo do Trabalho /
Eugênia Sales Wagner. – 3. ed. – Cotia, SP: Ateliê
Editorial, 2018.

Bibliografia.
ISBN 978-85-7480-790-4

   1. Arendt, Hannah, 1906-1975 2. Marx, Karl,
1818-1883 3. Sociologia do trabalho 4. Trabalho –
Filosofia I. Título.

18-13299   CDD-331.01

Índices para catálogo sistemático:
1. Trabalho: Filosofia: Economia   331.01

Direitos reservados à
ATELIÊ EDITORIAL
Estrada da Aldeia de Carapicuíba, 897
06709-300 | Granja Viana | Cotia – SP
Tels.: (11) 4612-9666 / 4702-5915
www.atelie.com.br | contato@atelie.com.br
facebook.com/atelieeditorial | blog.atelie.com.br

2018

Impresso no Brasil/Printed in Brazil
Foi feito o depósito legal

*Compreender significa, em suma, encarar a
realidade, espontânea e atentamente, e resistir a ela –
qualquer que seja, venha a ser ou possa ter sido.*

HANNAH ARENDT,
Origens do Totalitarismo

Para Eny, Alexandre,
Werner, Zilda

Para Erica, em memória

sumário

Apresentação **11**

I. A Tradição de Pensamento:
os fundamentos da crítica de Hannah Arendt a Karl Marx **17**

Marx e a Tradição de Pensamento Ocidental **27**
A *Polis* Pré-filosófica: Um Passado sem Testamento **39**
A *Vita Activa*: Labor, Trabalho e Ação **52**

II. A Crítica de Hannah Arendt a Karl Marx:
a *vita activa* como valorização da vida **75**

A Natureza da Sociedade Moderna: O Labor como Trabalho **92**
A Filosofia Política de Marx: A Ação como Fabricação **106**
A Sociedade Utópica: Um Lugar de Contradições **123**

III. Um Confronto entre as Perspectivas
de Hannah Arendt e Karl Marx 133

O Isolamento entre os Homens 146
A Acumulação de Capital 160
A Abolição da Necessidade 180

Conclusão 197
Bibliografia 205

apresentação

A opção pelo pensamento de Hannah Arendt[1] como referencial para pensar o mundo do trabalho foi antecedida pela escolha da filosofia, enquanto caminho capaz de permitir uma nova reflexão a respeito de fenômenos que, presentes na realidade, não podiam ser plenamente compreendidos a partir do estudo da teoria econômica, a base de minha formação acadêmica. A discussão que H. Arendt estabeleceu com Karl Marx em *A Condição Humana* e que

---

1. Hannah Arendt nasceu em Hannover, em 1906. Dedicou-se desde muito jovem ao estudo da filosofia e teve como professores Heidegger e Jaspers. Às vésperas da Segunda Grande Guerra, em 1934, exilou-se em Paris, antes de transferir-se, em 1941, definitivamente, para os Estados Unidos, onde morreu em 1975. A introdução ao primeiro capítulo deste estudo contém detalhes sobre a obra dessa pensadora.

tem como fundamento a filosofia da *Existenz* instigou, por sua vez, a elaboração deste estudo.

A crítica de Arendt a Marx, além disso, é um tema pouquíssimo explorado e, quando explorado, pouco compreendido, aspecto que se tornou um estímulo para o empreendimento deste estudo e que tem dois motivos importantes. Inicialmente, o pensamento arendtiano é de difícil compreensão para aqueles que têm o pensamento de Marx como referencial básico. Por outro lado, aqueles que desconhecem o pensamento de Marx dificilmente conseguem penetrar na crítica que Arendt faz, pois ela nem sempre deixa claro quando está se referindo à obra desse pensador.

O primeiro motivo é aquele que fez deste estudo um trabalho bastante árduo, por ter exigido um sem-número de leituras, todas elas fundamentais. Foi necessário aprender a deixar de lado o referencial marxista para compreender o pensamento arendtiano. Apenas certo domínio sobre este último possibilitou alcançar, efetivamente, o coração da discussão que Arendt trava com Marx. Somente então foi possível estabelecer uma contraposição entre um e outro pensamento.

A densidade do tema, no entanto, tornou este estudo muito gratificante. Além de ter permitido compreender a sociedade moderna a partir de uma nova perspectiva, possibilitou conhecer o pensamento arendtiano, que é, antes de tudo, um pensamento livre. É esta característica que torna a compreensão do mesmo muito difícil quando se tem o pensamento dominado por sistemas ou modelos fechados em si mesmos. Além disso, o pensamento arendtiano lançou novas luzes sobre o pensamento de Marx e principalmente sobre o método marxista, de modo que foi ne-

apresentação

cessário, em princípio, perder um pouco de Marx para ganhá-lo novamente.

Esta reflexão não busca um eventual vencedor entre Arendt e Marx – aquele que seria o dono da verdade –, mas parte da constatação de que um e outro pensador olhou a sociedade capitalista de uma perspectiva diferente, de modo que é na realidade, e não ao lado de um pensador, que este estudo procura situar-se. Se o pensamento de Arendt ganha, aqui, um espaço maior, isso se deve à necessidade de explicitação de um novo referencial, que se debruça, como se verá, sobre o sentido existencial da sociedade para o homem moderno.

A busca de um espaço para pensar o mundo do trabalho a partir das reflexões de Arendt e de Marx tem como móvel duas preocupações. A primeira diz respeito ao debate atual sobre o desemprego, constituído de intervenções que sugerem, na maior parte dos casos, medidas econômicas triviais para atenuar um problema que, ao contrário do que querem alguns, veio para ficar e para crescer, já que ele é, em grande medida, fruto da aplicação generalizada e em proporções inusitadas de novas tecnologias nos diversos setores econômicos.

Outra preocupação se refere ao enaltecimento da ampliação do tempo livre que o homem deverá conquistar, nos próximos anos; neste caso, como no anterior, o problema que atinge o mundo do trabalho, hoje, é uma vez mais varrido para baixo do tapete. Longe de ser essa, a verdadeira questão diz respeito ao que fazer quando a conquista do tempo livre vem desacompanhada dos meios de sobrevivência que permitiriam usufruí-lo – um fenômeno que é tanto mais perverso quanto mais subordinada é a inserção de um país no processo de globalização em seu estágio mais recente.

Para esse debate, tanto Arendt quanto Marx têm contribuições a dar. Essa situação de desemprego foi prevista por Marx, ainda que não tenha sido objeto de um estudo específico por parte desse pensador, que, ancorando as suas esperanças no futuro, anteviu esse acontecimento como uma passagem do mundo capitalista para um mundo igualitário. Embora Arendt não tenha se ocupado diretamente com o problema do desemprego, suas reflexões permitem questionar aspectos da realidade que passaram despercebidos a Marx, ao apontar o sentido existencial das expropriações que marcaram o nascimento da sociedade capitalista, bem como o sentido do isolamento entre os homens, da acumulação de capital e de uma possível tendência à abolição da necessidade, no mundo atual.

Em função da necessidade de dominar o referencial arendtiano para compreender a crítica de Arendt a Marx, o primeiro capítulo deste estudo debruça-se sobre os fundamentos da crítica que essa pensadora fez à tradição de pensamento político ocidental e que diz respeito à desconsideração da *polis* como um espaço político. Essa crítica coincidiu com o caminho que leva à *polis* pré-filosófica, lugar no qual Arendt resgata as três atividades componentes da *vita activa* – o labor, o trabalho e a ação –, referencial que ela utiliza para compreender a sociedade moderna e para contrapor a sua própria compreensão à de Marx.

O segundo capítulo trata da crítica propriamente dita de Arendt a Marx. Ainda que essa crítica tenha sido sistematizada em três partes, o núcleo da mesma diz respeito à valorização da vida biológica no pensamento de Marx, bem como à indistinção entre as atividades componentes da *vita activa* presente na obra desse pensador. Tendo como ponto de partida a localização do pensamento de Marx apresentação

dentro da era e do pensamento modernos, este capítulo explicita a crítica de Arendt a Marx em três seções: a primeira trata da natureza da sociedade capitalista e diz respeito à indistinção entre labor e trabalho nas análises marxistas; a segunda refere-se à indiscriminação entre ação e trabalho no pensamento político de Marx; a terceira diz respeito à sociedade utópica, enquanto lugar de contradições.

No último capítulo, o pensamento de Arendt e o de Marx foram contrapostos, a partir da constatação de que cada um desses dois pensadores buscou em um lugar diferente o referencial para compreender a realidade: a *polis* pré-filosófica e a sociedade capitalista. Essa contraposição, que objetiva melhor compreender o mundo do trabalho, foi elaborada em três seções que têm como temas "o isolamento entre os homens", "a acumulação de capital" e "a abolição da necessidade". Cada uma dessas seções tem como referencial uma das condições humanas estudadas por Arendt: a pluralidade humana, a mundanidade e a vida, respectivamente.

Agradeço aos professores Dra. Dulce Mára Critelli, Dra. Maria de Fátima Francisco e Dr. Antonio José Romera Valverde pelas sugestões oportunas, aos professores Dra. Jeanne Marie Gagnebin, Dra. Salma Tannus Muchail, Dra. Thaís Curi Beaini e Dr. Mário Ariel Gonzales Porta pela convivência estimulante, à Capes pelo patrocínio dado a este estudo e à professora Dra. Maria Luiza Tucci Carneiro pela amizade e incentivo à publicação deste livro.

I. A Tradição de Pensamento: Os Fundamentos da Crítica de Hannah Arendt a Karl Marx

Os estudos que deram origem à crítica de Hannah Arendt ao pensamento de Karl Marx foram iniciados no começo dos anos 1950 e destinavam-se, originalmente, a investigar os "elementos totalitários" presentes no marxismo. Ainda que Arendt houvesse feito, em sua juventude, algumas leituras voltadas para o pensamento marxista, só mais tarde essa pensadora foi despertada pela obra de Marx e dos marxistas, como ela mesma revelou ao contestar a afirmação de que sua formação estaria vinculada à esquerda alemã. "Cheguei tardiamente a uma compreensão de Marx, porque não estava interessada em história nem em política quando era jovem. Se pode ser dito que eu 'vim de alguma parte', é da tradição da filosofia alemã."[1]

---

1. H. Arendt em E. Young-Bruehl, *Por Amor ao Mundo: A Vida e Obra de Hannah*

Esse interesse por Marx, por política e por história, já presente em *Origens do Totalitarismo*, ela desenvolveu através de leituras realizadas desde a época de seu exílio na França e, ainda, por intermédio das influências que recebeu de seu marido Heinrich Blücher[2], fato que fez questão de ressaltar em carta a Karl Jaspers, de 1945:

[...] minha existência não burguesa ou literária se apoia no fato de que graças a meu marido eu aprendi a pensar politicamente e a ter uma visão histórica; não fosse assim e eu não teria deixado de me orientar histórica e politicamente pela questão judaica[3].

As primeiras referências que Arendt fez às ideias de Marx encontram-se em *Origens do Totalitarismo*, obra que escreveu após o término da Segunda Guerra Mundial e publicou pela primeira vez em 1951; são referências frequentes, ainda que isoladas. Somente depois de concluir *Origens do Totalitarismo*, Arendt dedicou-se a uma investigação mais sistemática do pensamento marxista[4].

Arendt, Rio de Janeiro, Relume-Dumará, 1997, p. 106. Trecho de carta dirigida a Gershom Sholem em resposta a uma carta aberta que este publicou, em janeiro de 1964, a respeito da obra de Arendt, *Eichmann em Jerusalém*, e na qual se referiu a esta como uma das "intelectuais que vieram da esquerda alemã".

2. O segundo marido de Arendt, que ela veio a conhecer em 1936, quando encontravam-se no exílio, em Paris. Diferentemente de Arendt, Heinrich Blücher não tinha sua origem vinculada à Universidade; foi militante espartaquista e membro do KPD – Partido Comunista da Alemanha – desde a criação deste em 1918. Para outras informações ver E. Young-Bruehl, *Por Amor ao Mundo*.

3. H. Arendt, *Hannah Arendt/Karl Jaspers, 1926 – 1969*, Paris, Payot & Rivages, 1995, p. 59. Carta de 18 de novembro de 1945.

4. A obra *Origens do Totalitarismo* foi escrita por Arendt entre 1945 e 1949, tendo sua primeira edição publicada em 1951. Essa obra foi antecedida por duas outras: "O Conceito de Amor em Santo Agostinho", sua tese de doutoramento, de 1929 e

a tradição de pensamento

Os motivos que a levaram a realizar esse estudo foram explicitados em solicitação de patrocínio que fez à Fundação Guggenheim, em 1952. Para Arendt, o marxismo, pelo fato de ter "por trás de si" a tradição de pensamento ocidental, encobria os elementos totalitários nele contidos. Esses elementos, que deveriam estar presentes, segundo Arendt, na "moldura conceitual do bolchevismo", não tinham sido objeto de estudo em *Origens do Totalitarismo*; como tal análise exigisse "a crítica de alguns dos princípios básicos da filosofia política do Ocidente", ela havia se limitado, então, a estudar aqueles elementos totalitários que encontravam-se desvinculados daquela tradição.

A lacuna mais séria de *Origens do Totalitarismo* é a falta de uma análise histórica e conceitual da moldura ideológica do bolchevismo. Essa omissão foi deliberada. Todos os outros elementos que finalmente se cristalizam em formas totalitárias de movimentos e governos podem ser retraçados até as correntes subterrâneas da história ocidental que só emergiram quando e onde a moldura social e política da Europa se rompeu. O racismo e o imperialismo, o nacionalismo tribal dos pan-movimentos e do antissemitismo não têm conexão com as grandes tradições políticas e filosóficas do Ocidente. A originalidade chocante do totalitarismo, o fato de suas ideologias e métodos de governo terem sido inteiramente sem precedentes e de suas causas desafiarem uma explicação adequada nos termos históricos usuais, é facilmente negligenciável quando se enfatiza demais o único elemento que tem por trás de si uma tradição respeitável e cuja discussão crítica requer a crítica

Rahel Varnhagen: A Vida de uma Judia Alemã na Época do Romantismo, que ela escreveu em duas etapas: os primeiros onze capítulos, até 1933, antes de fugir de Berlim, e os dois últimos em 1938, e que foi publicada, pela primeira vez, em 1958, em edição americana.

hannah arendt e karl marx: o mundo do trabalho

de alguns dos princípios básicos da filosofia política do Ocidente – o marxismo[5].

Esse estudo, que deveria chamar-se *Elementos Totalitários do Marxismo* e que foi concebido originalmente, conforme citação anterior, como um complemento para *Origens do Totalitarismo*, não chegou a concretizar-se da maneira prevista. Segundo E. Young-Bruehl, o projeto inicial previa três seções. A primeira tinha como preocupação estabelecer uma "análise conceitual da compreensão que Marx tinha do homem como um 'animal trabalhador', a relação entre seu conceito de trabalho como o 'metabolismo' do homem 'com a natureza' e seu conceito de história como feita pelo homem"[6]. A segunda e a terceira seções conteriam, respectivamente, uma análise do "marxismo europeu e do socialismo desde 1870 até 1917, e outra da transição de Lenin a Stalin na Rússia"; nessa seção final, Arendt trataria dos elementos totalitários do marxismo "percebidos quando tanto o interesse das classes trabalhadoras quanto a causa da revolução são abandonadas em função da percepção global de uma ideologia com o auxílio de uma polícia secreta e do Exército Vermelho"[7].

Parece que ao elaborar a primeira versão de seu projeto, Arendt intuía, então, que o conceito de "animal trabalhador" utilizado por Marx era o espaço teórico que, uma vez investigado, poderia elucidar a utilização ideológica das ideias de Marx pelo bolchevismo – o

---

5. H. Arendt, "Project: Totalitarian Elements of Marxism", em Young-Bruehl, *op. cit.*, p. 253. Carta à Fundação Guggenheim, inverno de 1952 (*Arendt Papers*, Library of Congress, Washington, D.C., Estados Unidos da América).
6. *Idem*, p. 254.
7. *Idem, ibidem*.

a tradição de pensamento

problema inicial formulado por Arendt. Considerando-se apenas as passagens de *Origens do Totalitarismo* não alteradas após os estudos que ela realizou a partir da década de 1950 – a Parte I e os quatro primeiros capítulos da Parte II –, essa suposição encontra respaldo nessa obra, na qual não faltam referências às relações entre o totalitarismo e o homem apartado de sua humanidade[8]. Arendt já tinha como referência, então, a pluralidade humana como questão fundamental. Se em *Origens do Totalitarismo* essa preocupação, ainda que recorrente, não está teoricamente colocada, um de seus manuscritos, de agosto de 1950 – anterior, portanto, à sua primeira carta para a Fundação Guggenheim –, revela que ela estava às voltas com essa questão:

> [...] a política repousa sobre um fato: a pluralidade humana. [...] Porque a filosofia e a teologia se ocupam sempre *do* homem [...] é que elas jamais encontraram qualquer resposta filosoficamente válida para a questão: o que é a política?[9]

Parece não ser totalmente destituído de sentido supor que o estudo sobre os "elementos totalitários" presentes no marxismo, na forma como Arendt o imaginou inicialmente, deveria problematizar, entre outros aspectos, o conceito de "animal trabalhador" de Marx em contraposição à pluralidade humana como fundamento da política. Todavia, no mesmo local em que Arendt

---

8. "Fiz, assim, uma revisão da Parte III e do último capítulo da Parte II, enquanto a Parte I, sobre o antissemitismo, e os primeiros quatro capítulos da Parte II, sobre o imperialismo, permaneceram inalterados" (H. Arendt, *Origens do Totalitarismo*, São Paulo, Companhia das Letras, 1989, p. 340).

9. H. Arendt, *Qu'est-ce que la politique?*, Paris, Éditions du Seuil, 1995, p. 31.

estudava o conceito de trabalho utilizado por Marx, ela encontrou uma pista importante para as suas reflexões posteriores: o conceito de trabalho em Marx não fazia distinção entre atividades singulares realizadas pelo homem. Quase um ano depois de iniciados esses estudos, essa pensadora escreveu à Fundação Guggenheim:

> Eu passei parte do último ano na Europa. [...] Aqui concentrei-me na teoria do trabalho, considerada filosoficamente como distinta do labor. Com isso refiro-me à distinção entre o homem como *homo faber* e o homem como *animal laborans*; entre o homem como artesão e artista (no sentido grego) e o homem submetido à maldição de ganhar seu pão de cada dia com o suor do rosto. Uma distinção conceitual clara, aliada a um conhecimento histórico preciso nesse campo, pareciam-me importantes por que a dignificação do trabalho, por Marx, como uma atividade essencialmente criativa constitui um rompimento decisivo com toda a tradição ocidental – para a qual o labor representou a parte animal, não humana, do homem[10].

Esses estudos foram fundamentais para a alteração a que Arendt submeteu o seu projeto original. *A Condição Humana* é o exemplo mais contundente desse fato, que acabou gerando, entre alguns estudiosos de sua obra, dúvidas sobre uma possível mudança nos rumos dados à mesma; afinal, ela havia previsto com aquele projeto inicial preencher uma lacuna existente em *Origens do Totalitarismo*. Questionada por Celso Lafer a respeito dos motivos que a levaram a abandonar aquele projeto inicial, Arendt respondeu que *A Condição Humana* "era uma tentativa de lidar com perple-

---

10. H. Arendt, em Young-Bruehl, *op. cit.*, p. 254. Carta de Arendt a Henry Allen Moe, da Guggenheim Foundation, em 19 de janeiro de 1953 (*Arendt Papers*, Library of Congress, Washington, D.C., Estados Unidos da América).

a tradição de pensamento

xidades, para ela não adequadamente elaboradas, em *The Origins of Totalitarianism*"[11].

Esse foi um dos motivos que levou Lafer a discordar de Young-Bruehl, quando esta afirmou que Arendt encontrou "um caminho mais construtivo do que o seu projeto inicial", ao resgatar a importância da ação política[12]. De acordo com Lafer, "a temática de *A Condição Humana* já estava nele contida [em *Origens do Totalitarismo*] explicando o rumo que tomou a trajetória de Hannah Arendt"[13]. Para ele, é o "isolamento e o desenraizamento", presentes no mundo moderno, uma decorrência da generalização dos valores associados ao labor na sociedade moderna, que permitem associar as duas obras entre si.

Tanto Young-Bruehl como Lafer utilizam, cada qual, uma das atividades componentes da *vita activa* – a ação e o labor, respectivamente –, para justificar a aproximação ou o distanciamento entre as duas obras. Assim, se, de acordo com Lafer, *A Condição Humana* é "um desdobramento não-linear do projeto inicial de Hannah Arendt"[14], para Young-Bruehl, essa mesma obra é "uma mudança no campo de pesquisa", que "tornou-se a *vita activa*"[15]. Parece que aquelas atividades apontam numa mesma direção: para a relação existente entre as duas obras, já que essas atividades encontram-se referidas, dentro do pensamento de Arendt, à condição humana,

---

11. Celso Lafer, "A Política e a Condição Humana", em H. Arendt, *A Condição Humana*, Rio de Janeiro, Forense Universitária, 1995, p. 346.
12. E. Young-Bruehl, "From the Pariah's of View: Reflections on Hannah Arendt's Life and Work", em Lafer, *op. cit.*, p. 346.
13. Celso Lafer, *op. cit.*, p. 348.
14. *Idem*, p. 346.
15. E. Young-Bruehl, *Por Amor ao Mundo*, p. 255.

hannah arendt e karl marx: o mundo do trabalho

que parece ser o elo fundamental entre as duas obras. Paul Ricoeur, por motivos diferentes – para combater as críticas a respeito de uma eventual "nostalgia helênica" presente em *A Condição Humana* –, apontou para esse mesmo vínculo:

> A possibilidade do mundo não-totalitário deve ser buscada nas fontes de resistência e de renascimento contidas na própria condição humana. [...] O pensador político é convocado a uma antropologia filosófica, isto é, a uma investigação visando identificar os traços mais duráveis da condição humana, os que são menos vulneráveis às vicissitudes do homem moderno.
>
> Se insisto tanto nesse laço de filiação entre *Origens do Totalitarismo* e *A Condição Humana* é para atacar frontalmente a suspeita, amiúde erigida em reprovação, se não em motivo de recusa: a suspeita de nostalgia. Gostaria de opor aqui o caráter de um pensamento resistente, no duplo sentido: político e filosófico, ao de um pensamento nostálgico[16].

Se as relações entre *Origens do Totalitarismo* e *A Condição Humana* não são capazes de dar conta da lacuna que Arendt pretendia preencher com aquele projeto inicial, essa parece ser uma questão menor, pois, se alguma alteração se deu entre o que ela pretendia fazer e o que realizou, foi muito mais em relação aos compromissos que tinha com a Fundação Guggenheim: a obra entregue – *A Condição Humana* – não era a obra inicialmente proposta. Tomando-se como referência as obras e ensaios que tiveram origem nos estudos iniciados a partir daquele projeto, é possível supor que este sofreu muito mais uma ampliação do que uma verdadeira reformulação, de modo que a alteração mais significativa parece reduzir-se ao fato

---

16. P. Ricoeur, "Hannah Arendt: Da Filosofia ao Político (1987)", em *Em Torno ao Político*, São Paulo, Edições Loyola, 1995, Leituras n. 1, p. 16.

a tradição de pensamento

de que o resultado daqueles estudos não foi concentrado, como o previsto, em apenas uma obra.

> Dispus-me a escrever um pequeno estudo sobre Marx, mas, mas... assim que uma pessoa capta Marx, percebe que não se pode lidar com ele sem levar em conta toda a tradição da filosofia política. A síntese disso é que sou como alguém que tentou um pequeno furto, pelo qual poderia supor pegar no máximo dois anos; mas que, então, vai a julgamento diante de um juiz com uma opinião inteiramente diferente, e ganha uma sentença de prisão sabe Deus de quanto tempo. [...] O que não fazemos por nossa própria vontade![17]

A primeira seção do projeto inicial deu origem, segundo Young-Bruehl, a *A Condição Humana*. A segunda e a terceira seções, bem como a seção final, não chegaram a ser elaboradas, mas os estudos empreendidos por Arendt para a realização das mesmas foi utilizado para as análises históricas contidas em sua obra *Da Revolução*. "Tudo o que Arendt escreveu entre 1952 e 1956 estava destinado originalmente ao livro sobre o marxismo."[18]

Entre a publicação de *A Condição Humana* e a primeira versão do seu projeto, Arendt fez uma alteração na estrutura do mesmo. Essa nova formulação deu origem a uma série de palestras e de ensaios[19]. No que diz respeito à crítica propriamente dita a K. Marx, destacam-se, além de *A Condição Humana* (1958) e *Da Re-*

---

17. H. Arendt, em E. Young-Bruehl, *op. cit.*, p. 256. Carta, de 16 de novembro de 1953, a Kurt Blumenfeld, sionista alemão, amigo de Arendt (*Arendt Papers*, Deutsches Literaturarchiv, Marbach, República Federal da Alemanha).
18. *Idem, ibidem.*
19. Informações mais detalhadas sobre o desdobramento do projeto inicial de Arendt e as obras que dele resultaram ver Young-Bruehl, *op. cit.*, p. 255.

volução (1963), o ensaio "A Tradição e a Época Moderna" (1954), que resultou de uma série de seminários proferidos por Arendt em Princeton, entre eles o "Seminário Christian Gauss de Crítica", em 1953, que foi publicado em *Entre o Passado e o Futuro*[20], e o ensaio "Trabalho, Obra e Ação" que Arendt apresentou na Fundação Walgreen na Universidade de Chicago, em 1956 – um esboço de *A Condição Humana*[21]. É de 1957 o ensaio "História e Imortalidade", publicado na *Partisan Review*, e é de 1958 o ensaio "O Conceito de História – Antigo e Moderno", que foi publicado, também, em *Entre o Passado e o Futuro*[22]. O texto "Ideologia e Terror", que Arendt acrescentou, posteriormente, como epílogo, a *Origens do Totalitarismo*, também foi fruto dos estudos que ela empreendeu nesse período[23].

As seções deste capítulo estão assentadas na obra de Arendt e, principalmente, no conjunto de ensaios e de livros que ela produziu na década de 1950.

20. Título em português, conforme publicação brasileira, H. Arendt, *Entre o Passado e o Futuro*, São Paulo, Perspectiva, 1992.
21. O texto "Travail, œuvre, action" aqui utilizado é aquele publicado em *Études phénoménologiques*, Bruxelas, Ousia, 1985, t. 1, n. 2, p. 3.
22. O texto "História e Imortalidade" compõe o texto "O Conceito de História Antigo e Moderno", na publicação *Entre o Passado e o Futuro*.
23. Na edição brasileira de *Origens do Totalitarismo*, publicado pela Companhia das Letras, o texto "Ideologia e Terror" corresponde ao último capítulo da Parte III – Totalitarismo –, denominado "Ideologia e Terror: Uma Nova Forma de Governo". Como explica Arendt no Prefácio à Parte III – Totalitarismo –, de junho de 1966, "o último capítulo desta edição, *Ideologia e Terror*, substituiu as *Conclusões* da primeira edição, que foram incorporadas a outros capítulos. A segunda edição trazia ainda um 'Epílogo', no qual se discutia a introdução do sistema russo-soviético nos países satélites e a Revolução Húngara [de 1956]. Superado em muitos detalhes, esse 'Epílogo' foi eliminado" (Arendt, *Origens do Totalitarismo*, p. 340).

a tradição de pensamento

MARX E A TRADIÇÃO DE PENSAMENTO OCIDENTAL

Marx, Kierkegaard e Nietzsche são, para Arendt, pioneiros na tentativa de explicar a modernidade, antes que esta houvesse se revelado plenamente. Por terem realizado uma tal proeza utilizando antigos conceitos – pertencentes à tradição de pensamento ocidental, que encontrava-se, já, em estado terminal –, esses mesmos pensadores não puderam romper efetivamente com essa tradição e, por esse motivo, em que pese aquele pioneirismo, foram classificados, por Arendt, como os últimos pensadores pertencentes à tradição de pensamento ocidental.

Cada um dos três pensadores ficou preso à tradição quando rebelou-se contra a hierarquia conceitual que fundamentava, desde Platão até Hegel, a Filosofia Ocidental. Esse fato não deve obscurecer, no entanto, a contribuição que eles deram para a compreensão da nova realidade:

> [...] que essas três notáveis e conscientes rebeliões contra uma tradição que havia perdido seu *arkhé*, seu começo e princípio, tenham findado em autoderrota não é razão para questionar a grandiosidade da empresa nem sua importância para a compreensão do mundo moderno[24].

Ainda que cada uma das três rebeliões tivesse sido dirigida para um alvo distinto, dentro da tradição, as três derrotas tiveram um motivo comum: a tentativa de inversão de valores pertencentes à tradição. Enquanto Kierkegaard promoveu uma inversão entre razão

---

24. H. Arendt, "A Tradição e a Época Moderna", *Entre o Passado e o Futuro*, São Paulo, Perspectiva, 1992, p. 58.

e fé e Nietzsche uma inversão entre mundo transcendental e mundo sensível – uma tentativa de inversão de Platão –, Marx inverteu teoria e práxis, buscando colocar Hegel de cabeça para baixo. Ao inverterem a tradição ficaram presos na armadilha em que costumam converter-se tais inversões: tornaram-se, eles próprios, presas dos valores que tinham por objetivo descartar, pois "é da natureza mesma da afamada inversão dos sistemas filosóficos ou das hierarquias de valores de deixar intacto o quadro conceitual ele mesmo"[25].

Assim, esses três pensadores que não chegaram, como assinalou Arendt, a tomar conhecimento um da existência do outro, têm em comum uma rebelião malsucedida, fincada, no entanto, na realidade. Preocupados, cada qual, com aspectos diferentes da realidade, tinham em comum a busca da qualidade humana capaz de definir o homem em sua humanidade. É essa busca que está na base daquelas três rebeliões, que expressam, além da revolta contra as abstrações que caracterizam a tradição desde Platão, a rebelião contra a definição do homem como *animal rationale* que, a partir de Descartes, integrou a tradição de pensamento ocidental.

Kierkegaard quer afirmar o homem concreto e sofredor; Marx confirma que a humanidade do homem consiste em sua força ativa e produtiva, que em seus aspectos mais elementares chama de força de trabalho; e Nietzsche insiste na produtividade da vida, na vontade e na vontade de poder do homem[26].

Sua reviravolta [a de Marx], como a de Kierkegaard e a de Nietzsche, vai ao cerne do problema; todos questionam a tradicional hierarquia das

---

25. H. Arendt, "Travail, œuvre, action", *Études Phénoménologiques*, Bruxelas, Ousia, 1985, t. 1, n. 2, p. 5.
26. H. Arendt, *A Tradição e a Época Moderna*, p. 63.

a tradição de pensamento

aptidões humanas, ou, para colocá-lo de outra forma, novamente perguntam qual é a qualidade especificamente humana do homem[27].

Neste ponto e em função dos objetivos deste estudo, Kierkegaard será abandonado em seu combate à religião tradicional e Nietzsche em sua luta contra a metafísica, cabendo lembrar que, entre estes três pensadores, é a Marx que Arendt concede um espaço mais significativo dentro de sua obra, por coincidir o objeto da rebelião desse pensador com um dos principais alvos de Arendt: o pensamento político tradicional. Uma pista da importância da crítica que essa pensadora fez a Marx, dentro do próprio pensamento político de Arendt, é a recorrência com que ela aponta para a inversão promovida por Marx, em várias de suas obras e ensaios. As citações seguintes têm a finalidade de ilustrar uma tal recorrência, sem pretender, contudo, esgotar as referências que Arendt fez a esse respeito.

[...] Marx que convenceu-se de que bastava colocar Hegel de cabeça para baixo para encontrar a verdade – a saber, a verdade do sistema hegeliano, o qual diz respeito à descoberta da natureza dialética da história[28].

Enquanto para Marx, que virou o "idealismo" hegeliano de cabeça para baixo, era o trabalho, a forma humana do metabolismo com a natureza, que preenchia esta função[29].

Em certa medida, isto é o que [...] Marx fez quando virou Hegel de cabeça para baixo, produzindo, neste processo, um sistema de História estritamente hegeliano[30].

27. *Idem*, p. 67.
28. H. Arendt, "Travail, œuvre, action" ("Trabalho, Obra, Ação"), p. 5.
29. H. Arendt, *Sobre a Violência*, Rio de Janeiro, Relume-Dumará, 1994, p. 19.
30. H. Arendt, *A Vida do Espírito: o Pensar, o Querer, o Julgar*, Rio de Janeiro, Relume--Dumará, 1992, p. 132.

Marx voltou a aceitar a certeza da filosofia hegeliana, filosofia que o seu "pôr de cabeça para baixo" mudou menos do que ele supôs[31].

Marx ao virar Hegel de ponta-cabeça, produzindo, neste processo, um sistema estritamente hegeliano de história[32].

Na filosofia de Marx, que não virou Hegel de cabeça para baixo tanto assim[33].

Esta condição não foi essencialmente alterada pelo moderno rompimento com a tradição nem pela eventual inversão da ordem hierárquica em Marx[34].

A crítica de Arendt a Marx não é decorrência da crítica que essa pensadora fez à tradição de pensamento político, mas é parte integrante da mesma. A importância da rebelião de Marx dentro da crítica à tradição, elaborada por Arendt, deve-se ao fato de que, enquanto marco do fim da tradição, uma tal rebelião remete à origem da tradição de pensamento político. Para essa pensadora, não apenas o fim remete sempre ao início, como "somente o início e o fim são, por assim dizer, puros ou sem modulações". É que para Arendt "os problemas elementares da Política jamais vêm tão claramente à luz, em sua urgência imediata e simples, como ao serem formulados pela primeira vez, e ao receberem seu desafio final"[35]. O pensamento de Marx é, assim, o ponto de partida de

---

31. H. Arendt, "O que é Filosofia da *Existenz?*", *A Dignidade da Política*, Rio de Janeiro, Relume-Dumará, 1993, p. 26.
32. H. Arendt, "Pensamentos e Considerações Morais", *A Dignidade da Política,* p. 157.
33. H. Arendt, *A Tradição e a Época Moderna*, p. 46.
34. H. Arendt, *A Condição Humana*, p. 25.
35. H. Arendt, *A Tradição e a Época Moderna*, p. 44.

a tradição de pensamento

Arendt na busca da origem da tradição, origem esta que é a fonte das distorções dos conceitos adotados por esse pensador.

Quando o fim é assinalado por uma inversão entre oposições hierarquicamente já estabelecidas, ele remete, necessariamente, a uma inversão anterior, porque só uma inversão pode dar conta do nascimento daquelas oposições. A inversão primordial, porém, exige dois gestos concomitantes: separar e antagonizar. Assim, a inversão promovida por Marx é o ponto de partida de Arendt em sua crítica à tradição, por remeter, a mesma, a uma inversão primeira, àquela promovida pelos filósofos socráticos e expressa por Platão na "Alegoria da Caverna".

As operações de reviravolta com que termina a tradição põem em foco o princípio em um duplo sentido. A asserção mesma de um dos opostos – *fides* contra *intellectus*, prática contra teoria, vida sensível e perecível contra verdade permanente, imutável e suprassensível – necessariamente traz à luz o oposto repudiado e mostra que ambos somente têm sentido e significação em sua oposição. Além disso, pensar em termos de tais opostos não é algo óbvio, mas funda-se em uma primeira e grande operação de virar sobre a qual todas as outras se baseiam em última instância, por estabelecer ela os opostos em cuja tensão se move a tradição. Essa primeira reviravolta é o *periagogué tês pskhês*, de Platão, a reviravolta de todo ser humano, por ele narrada – como se apenas uma operação mental – na parábola da caverna, em *A República*[36].

A crítica de Arendt ao pensamento de Marx funda-se na seguinte constatação: por ter promovido uma inversão dos valores pertencentes à tradição, Marx não pôde tomar conhecimento da

---

36. *Idem*, p. 64.

distinção existente entre as atividades que o homem realizava antes do advento da própria tradição. Arendt faz alusão, naturalmente, às atividades realizadas na *polis* – berço da tradição à qual ela se refere. No pensamento de Marx as atividades humanas encontram-se diluídas e perdidas num conceito único, o conceito de ação. Ainda que Marx, pela inversão por ele promovida, houvesse pretendido colocar o homem que age no lugar do homem que pensa, invertendo, assim, a ordem hierárquica entre pensamento e ação, acabou por colocar no topo da hierarquia, o homem que trabalha. É que no pensamento de Marx, como Arendt pôde observar, o conceito de ação e de trabalho são intercambiáveis. Além disso, o conceito de trabalho utilizado por Marx não é capaz de diferenciar duas atividades singulares: a atividade que o homem realiza para atender às necessidades de sobrevivência e de reprodução da espécie e a atividade que ele realiza para a produção de coisas com as quais ele passa a conviver – objetos para uso e objetos de arte. Essas indistinções, Marx as aceitou, sem sequer ter podido questioná-las, quando inverteu a tradição de pensamento político, tentando colocar Hegel de cabeça para baixo.

As duas inversões, porém, não são da mesma ordem. A inversão efetuada por Marx é a inversão de uma hierarquia contida nos sistemas filosóficos, que ele promoveu com a finalidade de explicar uma realidade que mostrava-se incompatível com aquilo que pregava a tradição. A inversão que dá início à tradição é a inauguração de uma hierarquia construída a partir de um sentimento de estranheza diante da realidade, um aspecto que será discutido a seguir.

a tradição de pensamento

A primeira inversão tem como marco a condenação de Sócrates. Este, diferentemente dos filósofos que lhe são posteriores, vivia entre os cidadãos da *polis*: as reflexões e os diálogos socráticos estavam fundados nessa convivência, a partir da qual ele questionava o senso comum dos demais cidadãos. Pensamento e política em Sócrates pertenciam-se mutuamente. Entretanto, a defesa que Sócrates fez de si mesmo, diante do tribunal, usando a dialética socrática, que era considerada, até então, infalível no convencimento através da persuasão, não foi capaz de salvá-lo das acusações, que lhe haviam sido atribuídas, de subversor da ordem da *polis*[37].

Essa condenação pareceu aos seguidores de Sócrates uma consequência da insuficiência da dialética socrática e, assim, da própria política. Esse acontecimento marcou o abandono da *polis* pelos filósofos socráticos que, ao saírem das praças, deixaram o local de origem de sua atividade: o espaço público.

37. H. Arendt recorre a Sócrates como um modelo, sem contudo negar o Sócrates histórico. "Proponho usarmos como um modelo um homem que tenha de fato pensado sem tornar-se um filósofo, um cidadão entre os cidadãos, alguém que não tenha feito ou reivindicado nada além do que, a seu ver, qualquer outro cidadão pudesse ou devesse fazer ou reivindicar. Já devem ter adivinhado que pretendo falar de Sócrates; espero que ninguém venha a contestar a sério que minha escolha é historicamente justificável. Mas devo adverti-los: há muita controvérsia sobre o Sócrates histórico, sobre como e em que medida ele pode ser distinguido de Platão, qual o peso a ser atribuído ao Sócrates de Xenofonte etc. embora este seja um dos mais fascinantes tópicos de contenda erudita, irei aqui ignorá-la por completo. No entanto, [...] ao transformarmos uma figura histórica em modelo, atribuindo a ela uma função representativa definida, é preciso dar algumas razões. [...] A grande vantagem do tipo ideal é justamente não ser uma abstração personificada a que se atribui algum significado alegórico, mas ter sido escolhido em meio à multidão de seres vivos, no passado ou no presente, em virtude de ter uma significação representativa na realidade, que só precisava purificar-se um pouco para revelar todo o seu significado", H. Arendt, "Pensamento e Considerações Morais", *op. cit.*, p. 152.

O fato de que Sócrates não tivesse sido capaz de persuadir os juízes de sua inocência e de seu valor, tão óbvios para os melhores e mais jovens cidadãos de Atenas, fez com que Platão duvidasse da validade da *persuasão*. Para nós é difícil captar a importância dessa dúvida, porque "persuasão" é uma tradução muito fraca e inadequada para a velha *peithein*, cuja importância política evidencia-se no fato de *Peithô*, a deusa da persuasão, ter tido um templo em Atenas. Persuadir, *peithein*, era a forma especificamente política de falar, e como os atenienses orgulhavam-se de conduzir seus assuntos políticos pela fala e sem uso de violência, distinguindo-se nisso dos bárbaros, eles acreditavam que a arte mais alta e verdadeiramente política era a retórica, a arte da persuasão[38].

A separação entre o filósofo e a vida na *polis* significou a separação entre o pensamento e a ação. A convivência humana deixou de ser o fundamento das reflexões filosóficas que passaram a fundar-se, a partir de então, no diálogo do "eu consigo mesmo", diálogo este que, conforme diz Arendt, ainda que seja um momento de solidão indispensável para a atividade do pensar, é capaz, quando afastado da realidade, de dar origem, apenas, a mais uma opinião permeada de preconceitos. Para Arendt, o filósofo, ao esconder-se na solidão, não abandonou, apenas, a pluralidade humana como realidade, mas "matou a pluralidade dentro de si", que, conforme ela explicou em *A Vida do Espírito*, é essencial à política, uma vez que é dela que depende a própria capacidade para julgar.

Aquela separação, no entanto, não foi inócua, como poderia ter sido, caso os filósofos socráticos simplesmente tivessem deixado a *polis* e levado consigo sua própria opinião. Afinal de contas, nota Arendt, parte da tragédia decorrente da condenação de Sócrates de-

---

38. H. Arendt, "Filosofia e Política", A *Dignidade da Política*, p. 91.

a tradição de pensamento

veu-se ao fato de que o não convencimento, por parte de Sócrates, dos seus juizes, a respeito dos benefícios de sua atividade para a *polis*, bem como de seus amigos, sobre a necessidade de não fugir e de ser condenado à morte, mostrou que "a cidade não precisava de um filósofo, e os amigos não precisavam de argumentação política"[39].

O fato é que os filósofos socráticos não abandonaram a *polis*, simplesmente, mas acreditaram levar consigo senão a verdade, o poder da verdade, acessível, segundo eles, apenas a eles próprios. Até aqui, nenhuma consequência mais séria, caso a verdade filosófica tivesse sido usada para deleite dos próprios filósofos; acontece, porém, que a verdade a que tinham acesso era a verdade absoluta, fundada em valores absolutos e capaz, ainda, segundo eles próprios, de ordenar o relativo e desprezível mundo da contingência: o lugar da diversidade de opiniões. O filósofo viu-se, assim, na obrigação de levar o seu auxílio à política.

O espetáculo de Sócrates submetendo sua própria *doxa* às opiniões irresponsáveis dos atenienses e sendo suplantado por uma maioria de votos, fez com que Platão desprezasse as opiniões e ansiasse por padrões absolutos. Tais padrões, pelos quais os atos humanos poderiam ser julgados e o pensamento poderia atingir alguma medida de confiabilidade, tornaram-se, daí em diante, o impulso primordial de sua filosofia política, influenciando de forma decisiva até mesmo a doutrina puramente filosófica das ideias[40].

A dicotomia entre a vida do filósofo e a vida na *polis* tem sua primeira expressão, dentro da tradição, na alegoria da caverna de

---

39. *Idem*, p. 92.
40. *Idem, ibidem.*

Platão. Arendt observa que Platão, ao descrever essa alegoria, fez referência à religião homérica: o Hades, que era o local obscuro para onde as almas dirigiam-se depois da vida, foi transformado no local em que viviam os corpos – a caverna iluminada pela luz do fogo, uma contraposição com a luz do sol, à qual o filósofo tinha acesso quando deixava a caverna. Mas a dicotomia presente na alegoria da caverna é completamente estranha ao pensamento de Homero, como nota Arendt, de tal forma que virar Platão de cabeça para baixo não nos permite chegar a Homero, pois a dicotomia presente nas reviravoltas de idas e vindas, da caverna para o céu e do céu para a caverna, tem motivação política[41].

Enquanto a saída da caverna para a luz é uma referência à revelação da verdade a que só o filósofo tem acesso em meio à solidão, longe da agitação e das preocupações presentes no mundo da contingência, a volta à caverna, à obscuridade, é uma referência ao filósofo que, de posse da verdade, retorna à cidade para dar a sua contribuição à política. O retorno do filósofo ao mundo da contingência marca, para Arendt, o nascimento da filosofia política: uma consequência da separação estabelecida entre pensamento e ação.

A Filosofia Política implica necessariamente a atitude do filósofo para com a Política; sua tradição iniciou-se com o abandono da Política por parte do filósofo, e o subsequente retorno deste para impor seus padrões aos assuntos humanos[42].

---

41. Essa é uma referência a Nietzsche que, segundo Arendt, tentou inverter o pensamento de Platão para resgatar Homero. H. Arendt, *A Tradição e a Época Moderna*, p. 64.

42. *Idem*, p. 44.

a tradição de pensamento

O reconhecimento, pelo mundo, da apropriação da verdade por parte do filósofo, não é, todavia, uma decorrência direta da atitude do filósofo para com a política. Como sublinha Arendt, a filosofia, fundada em padrões absolutos, mostrou "na verdadeira ação política [...] sua completa inutilidade"[43], estando aí a explicação para o fato de que a "utilidade da filosofia" rendeu assunto para muitos séculos. "A política, sem dúvida, nunca pôde ajustar-se a tais padrões, sendo, por conseguinte, considerada de modo geral como uma atividade aética."[44] O que fez da filosofia política uma tradição foi o fato de que seus padrões e regras, e também as oposições conceituais por ela inauguradas, acabaram sendo usados na tentativa de compreensão da realidade, ainda que fosse na forma de uma rebelião, como fez Marx.

Por ter Platão de algum modo deformado a filosofia para fins políticos, ela continuou a fornecer padrões e regras, réguas e medidas com que o espírito humano pudesse ao menos tentar compreender o que estava acontecendo no domínio dos assuntos humanos. Foi essa utilidade para a compreensão que se esgotou com a chegada da Idade Moderna[45].

Como consequência da separação entre pensamento e política e, o que é o mesmo, entre filósofo e realidade, perdeu-se, na origem da tradição de pensamento ocidental, o sentido que as atividades realizadas pelos gregos tinha para eles próprios, o primeiro passo para a perda, subsequente, da distinção entre essas atividades. As atividades passaram a ser vistas em bloco pelo olhar do filósofo e

43. H. Arendt, *Filosofia e Política*, p. 114.
44. *Idem, ibidem.*
45. *Idem, ibidem.*

identificadas, por estes, como atividades típicas de um modo de vida inferior, voltado para as necessidades elementares da vida – a *vita activa*. Este aspecto será desenvolvido com mais detalhes nas próximas seções deste capítulo.

O que me interessava no estudo sobre a *vita activa* era que a noção de completa quietude da *vita contemplativa* era tão avassaladora que, em comparação com ela, todas as diferenças entre as diversas atividades da *vita activa* desapareciam. Frente a essa quietude já não era importante a diferença entre laborar e cultivar o solo, trabalhar e produzir objetos de uso, ou interagir com outros homens em certas empreitadas. Mesmo Marx, em cuja obra e em cujo pensamento a questão da ação teve um papel tão crucial, "utiliza a expressão *praxis*" simplesmente no sentido "daquilo que o homem faz" em oposição "àquilo que o homem pensa"[46].

Quando Marx inverteu Hegel, ele estava invertendo a hierarquia entre ação (*práxis*) e pensamento (*theoria*); elevando a primeira e rebaixando este último, ele estava aceitando, junto com essa nova hierarquia, a indistinção entre as atividades humanas oriundas da dicotomia entre *vita activa* e *vita contemplativa*. Uma tal inversão jamais poderia ter levado Marx a tomar conhecimento das atividades conforme elas eram realizadas na Grécia Antiga, e isso, não apenas porque essas atividades estavam ocultas naquela dicotomia, mas porque aqueles dois modos de vida não estavam sequer presentes na organização original da *polis*.

---

46. H. Arendt, *A Vida do Espírito: o Pensar, o Querer, o Julgar*, p. 8 (Arendt está citando, nesse trecho, Nicholas Lobkowicz, *Theory and Practice: History of a Concept from Aristotle to Marx*, 1967).

a tradição de pensamento

A POLIS PRÉ-FILOSÓFICA: UM PASSADO SEM TESTAMENTO

É na *polis* pré-filosófica, enquanto manifestação da maneira como os gregos situavam a si mesmos em meio à existência, que Arendt procura resgatar as atividades componentes da *vita activa*. Esta seção dedica-se a acompanhar Arendt nesse empreendimento, que é imprescindível para a compreensão da crítica que ela fez ao pensamento de Marx, bem como para o entendimento da interpretação arendtiana da modernidade. Assim, esta seção é um trecho do caminho que vem sendo seguido, desde o início do presente capítulo, e que procura refazer, destacando os aspectos que interessam mais de perto a este estudo, o percurso que Arendt seguiu em suas reflexões, ainda que este percurso não tenha sido aquele utilizado por ela para expor o seu próprio pensamento na forma de ensaios e de livros.

A inversão promovida por Marx, baliza do fim da tradição, conduziu Arendt, como foi visto, ao início da tradição. Por esse caminho, que é o da crítica e o da superação da tradição, ela chegou ao passado pré-filosófico, debruçando-se, aí, sobre os valores que antecederam a tradição de pensamento ocidental.

A possível vantagem de nossa situação, subsequente à morte da metafísica e da filosofia, apresenta duas faces. Ela nos permite olhar o passado com novos olhos, sem o fardo e a orientação de quaisquer tradições e, assim, dispor de uma enorme riqueza de experiências brutas, sem estarmos limitados por quaisquer prescrições sobre a maneira de lidar com estes tesouros. "Notre héritage n'est précédé d'aucun testament" ["Nossa herança não foi precedida por nenhum testamento"]. A vantagem seria ainda maior, não fosse ela acompanhada de modo quase inevitável por uma crescente dificuldade em nos movermos em qualquer nível no domínio do

39

hannah arendt e karl marx: o mundo do trabalho

invisível; ou, para falar de outro modo, não tivesse sido ela acompanhada pelo descrédito em que caiu tudo o que não é visível, tangível, palpável, de tal forma que nos encontramos em perigo de perder o próprio passado junto com nossas tradições[47].

Assim, é num passado livre da tradição de pensamento que Arendt buscou as "experiências brutas" enquanto manifestações da condição humana; uma herança autêntica e não aquela prometida pela tradição e que foi vasculhada durante séculos, por aqueles que aceitaram-na por testamento, com a finalidade de desnudar a qualidade verdadeiramente humana do homem. É na *polis* pré-filosófica que Arendt resgata o sentido que os gregos atribuíam, então, às atividades que aí realizavam, buscando distinguir essas mesmas atividades enquanto manifestações de capacidades humanas singulares e construir, a partir de um tal discernimento, as bases do seu próprio pensamento político e da sua crítica às ideias de Marx.

É enquanto "espaço de imperecibilidade" que Arendt resgata a fundação e a organização da *polis*.

Não nos interessam aqui as causas históricas do surgimento da cidade-estado grega; os próprios gregos deixaram bem claro o que dela pensavam e qual a sua *raison d'etre*. A acreditarmos nas célebres palavras de Péricles na Oração Fúnebre, a *polis* era uma garantia aos que haviam convertido mares e terras no cenário do seu destemor de que não ficariam sem testemunho e não dependeriam do louvor de Homero nem de outro artista da palavra; sem a ajuda de terceiros, os que agiam podiam estabelecer, juntos, a memória eterna de suas ações, boas ou más, e de inspirar a admiração dos contemporâneos e da posteridade[48].

47. *Idem*, p. 12.
48. H. Arendt, *A Condição Humana*, p. 210.

a tradição de pensamento

A criação de um espaço para a preservação da memória não é, no entanto, uma ideia corriqueira em nossos dias; uma tal criação é inseparável da visão que os gregos tinham da natureza e da relação que mantinham com esta. Para eles, só os deuses e a natureza eram imortais; os homens compartilhavam dessa imortalidade enquanto membros de espécie e como parte, portanto, do ciclo sempre renovável da natureza. Enquanto indivíduos, reconheciam a si mesmos como os únicos seres mortais: os detentores de nascimento, morte e história próprios, aqueles que chegavam ao mundo e dele partiam sob o olhar sempre presente dos deuses e da natureza.

Essa vida individual distingue-se de todas as outras coisas pelo curso retilíneo de seu movimento, que por assim dizer secciona transversalmente os movimentos circulares da vida biológica. É isso a mortalidade: mover-se ao longo de uma linha retilínea em uma ordem cíclica[49].

Entre os gregos, portanto, era a individualidade que os distinguia das outras espécies presentes na natureza e que os tornava os únicos seres mortais. Essa condição, no entanto, poderia, na maneira de ver dos gregos, ser superada pela realização de grandes feitos ou palavras, se estes se mostrassem capazes de provocar a admiração dos contemporâneos e de conquistar, pela sua excelência, a memória das gerações vindouras, através da história oral ou escrita[50]. Transcender a mortalidade era estar presente no devir, na forma de uma lembrança.

49. H. Arendt, "O Conceito de História – Antigo e Moderno", *Entre o Passado e o Futuro*, p. 71.
50. "O louvor do qual provinha a glória, e eventualmente a fama eterna, somente poderia ser outorgado às coisas já 'grandes', isto é, às coisas que possuíssem uma qualidade emergente e luminosa que as distinguisse de todas as demais e tornasse

hannah arendt e karl marx: o mundo do trabalho

Arendt retoma a *polis*, portanto, enquanto palco e plateia: palco para a realização de grandes feitos e palavras e plateia capaz de dar testemunho dos mesmos. Assim, é como espaço da aparência que a *polis* constituía-se como espaço de imperecibilidade; ela permitia que os mais fúteis produtos humanos, os atos e as palavras, ganhassem permanência: possibilidade de visibilidade permanente e permanência na lembrança[51].

Se os atos e as palavras são os mais fúteis produtos humanos, isso se deve ao fato de que, enquanto manifestação da individualidade do homem, estão sempre contaminados com a "mortalidade de seu autor"[52]. Dessa mesma mortalidade, nota Arendt, padecem todas as obras dos homens, ainda que os objetos produzidos pelas mãos humanas sejam dotados de maior permanência que os atos e as palavras, por emprestar-lhes a natureza, que serve de material para tais obras, um pouco da sua própria imortalidade. É por esse mesmo motivo que a *polis* estava duplamente contaminada pela mortalidade humana: pela sua condição de espaço político – o espaço no qual os homens compartilham atos e palavras – e pela sua condição de espaço resguardado por muros, um produto das mão humanas.

---

possível a glória. Grande era o que merecera imortalidade, o que devia ser admitido na companhia das coisas que perduram para sempre, envolvendo a futilidade dos mortais com sua majestade insuperável" (*idem*, p. 77). A Excelência era *arete*, para os gregos e, *virtus*, para os romanos (*A Condição Humana*, p. 58).

51. "Pois, a *polis* era para os gregos, como a *res publica* para os romanos, em primeiro lugar a garantia contra a futilidade da vida individual, o espaço protegido contra essa futilidade e reservado à relativa permanência, senão à imortalidade, dos mortais" (*idem*, p. 66).

52. H. Arendt, *O Conceito de História – Antigo e Moderno*, p. 72.

a tradição de pensamento

Esses muros, todavia, não eram condição suficiente para a preservação da *polis*. É que cidade-estado e *polis* não são coincidentes: se a cidade-estado localiza-se intramuros – limites ou fronteiras –, constituindo-se como espaço físico-geográfico capaz de emprestar permanência e estabilidade à ação e à palavra, a *polis* é o espaço que "situa-se entre as pessoas que vivem juntas com tal propósito"[53]; segundo Arendt, as célebres palavras: " 'onde quer que vás, serás uma *polis*', não só vieram a ser a senha da colonização grega, mas exprimiam a convicção de que a ação e o discurso criam entre as partes um espaço capaz de situar-se adequadamente em qualquer tempo e lugar"[54]. Não são, portanto, os muros, que cercam a cidade-estado, o pressuposto da fundação da mesma, mas a convivência entre os homens.

É como se os muros da *polis* e os limites da lei fossem erguidos em torno de um espaço público preexistente mas que, sem essa proteção estabilizadora, não duraria, não sobreviveria ao próprio instante da ação e do discurso[55].

Embora a cidade-estado seja, na Grécia Antiga, a condição material para a preservação do espaço da aparência, este último só se estabelece quando os homens "vivem tão próximos uns aos outros que as potencialidades da ação estão sempre presentes"[56]. Para Arendt, a preservação de um tal espaço depende do poder, que encontra na própria convivência entre os homens a sua origem, a

53. H. Arendt, *A Condição Humana*, p. 211.
54. *Idem, ibidem.*
55. *Idem,* p. 210.
56. *Idem,* p. 213.

sua localização e a sua existência. "O que mantém unidas as pessoas depois que passa o momento fugaz da ação (aquilo que hoje chamamos de organização) e o que elas, por sua vez, mantêm vivo ao permanecerem unidas é o poder"[57].

É enquanto espaço de proximidade entre os homens, portanto, que o espaço público nem sempre coincide com o lugar formalmente considerado como público. Só há poder, no sentido em que Arendt o resgata, enquanto não houver isolamento entre os homens e "enquanto a palavra e o ato não se divorciam, quando as palavras não são vazias e os atos não são brutais, quando as palavras não são empregadas para velar intenções mas para revelar realidades, e os atos não são usados para violar e destruir, mas para criar relações e novas realidades". É que a proximidade entre os homens é a convivência entre diferentes, e esta depende "do acordo frágil e temporário de muitas vontades e intenções"[58].

O poder, para Arendt, que é sempre um poder em potencial, não é algo que possa ser possuído nem que possa ser confundido com a força e a violência. A força é prerrogativa do homem isolado que se apodera dos meios de violência para subjugar seus semelhantes. Como nota Arendt, a violência pode destruir o poder, mas jamais poderá ocupar o seu lugar, porque a força e a violência são parceiras da impotência, fruto do isolamento dos homens, e nunca do poder que, fundado na convivência humana, pode, sempre, vir a aniquilá-las[59].

---

57. *Idem, ibidem.*
58. *Idem, ibidem.*
59. "Quando a principal esfera pública é a sociedade, há sempre o perigo de que, mediante uma forma pervertida de 'agir em conjunto' – por pressão e artimanha

a tradição de pensamento

Arendt chama a atenção, portanto, para o fato de que, na Grécia Antiga, a política assentava-se na busca da imortalidade, observando que se isso provoca, hoje, uma certa estranheza, um dos motivos é que o próprio sentido da imortalidade e, portanto, o da mortalidade não é mais o mesmo. A imortalidade só costuma ser desejada quando não há quaisquer esperanças de vida futura: quando a morte tem um valor absoluto e é capaz de tornar-se "insuportável aos homens".

Tanto para os gregos como para os romanos, não obstante todas as diferenças, o fundamento de um organismo político era dado pela necessidade de vencer a mortalidade da vida humana e a futilidade dos feitos humanos. Fora do organismo político, a vida do homem não era apenas nem primariamente insegura, isto é, exposta à violência de outrem; era desprovida de significado e de dignidade, porque sob circunstância alguma poderia deixar quaisquer traços atrás de si[60].

A imortalização como atividade, e não como crença, ocorreu historicamente de formas diversas:

[...] lutar pela imortalidade pode significar, como certamente ocorreu na Grécia Antiga, a imortalização de si mesmo através de feitos famosos e a aquisição de fama imortal; pode também significar a adição, à obra

> e por manobras de pequenos grupos – subam ao primeiro plano os que nada sabem e nada podem fazer" (*idem*, p. 216). Sobre a ideia de que o poder corrompe Arendt observa que isso acontece, de fato, "quando os fracos se unem para destruir o forte, mas não antes. A vontade de poder, denunciada ou glorificada pelos pensadores modernos de Hobbes a Nietzsche, longe de ser uma característica do forte, é, como a cobiça e a inveja, um dos vícios do fraco, talvez o seu mais perigoso vício" (*idem*, p. 215).
>
> 60. H. Arendt, *O Conceito de História – Antigo e Moderno*, p. 104.

humana, de algo mais permanente do que nós mesmos; e pode significar, como com os filósofos, o dispêndio da própria vida com coisas imortais[61].

Do ponto de vista político, Arendt nota que com a secularização os homens conquistaram novamente sua mortalidade, depois de séculos de dominação da crença cristã na imortalidade: a crença na vida depois da morte. O resgate da mortalidade pelo homem moderno, no entanto, não foi capaz de levar à fundação de um espaço público-político, um aspecto a ser tratado nos capítulos subsequentes.

Interessa ressaltar, aqui, no momento, que a imortalização como fundamento da organização política foi o motivo pelo qual a ação e o discurso foram considerados pelos gregos as atividades mais elevadas entre as demais e que a *polis,* embora tivesse alcançado duração efêmera, ficou na memória dos homens, ainda que o sentido desta fundação tenha se perdido em meio à tradição de pensamento ocidental.

Sua mera existência bastou para elevar a ação ao topo da hierarquia da *vita activa,* e para que se visse no discurso o elemento fundamental de distinção entre a vida humana e a vida animal; a ação e o discurso conferiram à política uma dignidade que ainda hoje não desapareceu completamente[62].

Aquela elevação da ação e do discurso estava referida, portanto, à maneira como os gregos situavam a si mesmos em meio à existên-

---

61. *Idem, ibidem.* Quando fala em "imortalização como atividade", Arendt refere-se à palavra *athanatídzein,* um termo que, segundo ela, não tem "equivalente imediato nas línguas vivas".

62. H. Arendt, *A Condição Humana,* p. 217. Arendt refere-se aqui aos gregos, que viam na fala a capacidade humana que os distinguia dos animais.

a tradição de pensamento

cia e não a uma hierarquização pura e simples das atividades. Assim, o desprezo que os gregos dedicavam à atividade voltada para o atendimento das necessidades vitais estava dirigido ao modo de vida associado a essa atividade; realizadas no espaço privado, as tarefas e funções voltadas para a manutenção da vida e para a sobrevivência da espécie eram vistas como típicas do homem que vivia como um membro da espécie.

Para Arendt, não apenas o caráter da esfera pública e o da esfera privada manifestam-se de formas diferenciadas na história, em função das atividades que se realizam nas mesmas, como, também, o próprio caráter dessas atividades tende a ser diferenciado conforme se realizem em uma ou outra esfera. Na *polis* pré-filosófica, o sentido atribuído à esfera privada resultava de um contraponto que os gregos estabeleciam com a esfera pública. A privatividade da esfera privada, na Grécia Antiga, "significava literalmente um estado no qual o homem encontrava-se privado de alguma coisa, até mesmo das mais altas e mais humanas capacidades do homem. Quem quer que vivesse unicamente uma vida privada [...] não era inteiramente humano"[63]. É que viver na esfera privada, então, tinha o sentido de privação da própria individualidade: a impossibilidade dos homens mostrarem "quem realmente e inconfundivelmente eram"[64].

Até mesmo a propriedade privada tinha, então, o seu sentido determinado pela existência do espaço público. Ainda que a propriedade privada fosse condição para a realização das atividades

63. H. Arendt, *A Condição Humana*, p. 48.
64. *Idem*, p. 51.

47

voltadas para a manutenção da vida e da sobrevivência do homem e requisito, portanto, para que o chefe de família conquistasse a *polis* – no sentido de que a execução daquelas atividades, ali realizadas, por escravos e mulheres liberava-o dessas mesmas atividades –, e ainda que a riqueza de um chefe de família fosse medida, por isso mesmo, pelo número de escravos que este possuísse, o sentido da propriedade privada, na Grécia Antiga, não era o da propriedade de riqueza em si ou o da acumulação de riqueza, mas o do domínio das necessidades vitais, capaz de liberar o chefe de família para a cidadania – a vida comum na cidade[65].

Somente com o surgimento tangível e concreto desse mundo comum, isto é, com a ascendência da cidade-estado, pôde este tipo de propriedade privada adquirir sua eminente importância política[66].

Esse era o motivo pelo qual as mulheres e os escravos não eram vistos como parte da humanidade; dela estavam apartados na medida em que estavam privados do acesso ao mundo co-mum: o espaço capaz de permitir a transcendência da própria existência. Estar reduzido à esfera privada era estar submetido à implacabilidade das necessidades vitais, à violência do mando e à injustiça.

Para Arendt, natureza e mundo são entidades distintas. O mun-do difere da natureza por ser uma construção dos homens e por ser

---

65. "Ao contrário do que ocorreu nos tempos modernos, a instituição da escravidão na Antiguidade não foi uma forma de obter mão de obra barata nem instrumento de exploração para fins de lucro, mas sim a tentativa de excluir o labor das condições da vida humana" (*A Condição Humana*, p. 95).

66. *Idem*, p. 75.

a tradição de pensamento

um espaço no qual eles estabelecem relações entre si e entre eles próprios e os objetos que fabricam, pois,

[...] se não fosse ao mesmo tempo abrigo e assunto dos homens, o mundo não seria um artifício humano, e sim um amontoado de coisas desconexas ao qual cada indivíduo teria a liberdade de acrescentar mais um objeto; sem o abrigo do artifício humano, os negócios humanos seriam tão instáveis, fúteis e vãos como os movimentos das tribos nômades[67].

Porque mundo e esfera pública coincidiam, eles constituíam o espaço da realidade por excelência: era espaço da realidade porque "somente quando as coisas podem ser vistas por muitas pessoas, numa variedade de aspectos, sem mudar de identidade, de sorte que os que estão à sua volta sabem que veem o mesmo na mais completa diversidade, pode a realidade do mundo manifestar-se de maneira real e fidedigna"[68]; e era espaço da realidade, também, porque só o artifício humano é capaz de dar testemunho da existência dos seus criadores, durante várias gerações.

A construção do mundo, em seu aspecto material, é resultante da fabricação, que responde pela construção do artefato humano; esta atividade diferencia-se, assim, da atividade destinada a satisfazer o processo vital, que não deixa quaisquer produtos duráveis atrás de si. A fabricação constrói o artefato humano ao produzir objetos de uso, que, pela sua durabilidade, emprestam familiaridade ao mundo.

---

67. *Idem*, p. 216. Para A. Roviello, na obra de Arendt , "mundanidade do homem e humanidade do mundo são uma e a mesma coisa; pelo seu aparecer recíproco, indivíduo e mundo enriquecem-se mutuamente. Cada indivíduo, ao abrir-se ao mundo, traz-lhe uma porção de humanidade". A.-M. Roviello, *Senso Comum e Modernidade em Hannah Arendt*, Lisboa, Instituto Piaget, Coleção Pensamento e Filosofia, 1997.
68. H. Arendt, *A Condição Humana*, p. 67.

Exigidas por nosso corpo e produzidas pelo labor deste último, mas sem estabilidade própria, essas coisas destinadas ao consumo incessante surgem e desaparecem num ambiente de coisas que não são consumidas, mas usadas, e às quais, à medida que as usamos, nos habituamos e acostumamos. Como tais, elas geram a familiaridade do mundo, seus costumes e hábitos de intercâmbio entre os homens e as coisas, bem como entre homens e homens. O que os bens de consumo são para a vida humana, os objetos de uso são para o mundo do homem[69].

Além de produzir objetos de uso, a fabricação cria objetos de arte que são, sempre, um produto do artífice, no sentido de que a natureza constitui o material em que ele imprime a arte da qual aquela obra é a expressão[70]. O artefato humano, na cidade-estado grega, estava fundado principalmente na obra de arte. Por constituir-se como a mais mundana entre as demais obras – a mais duradoura, já que é destituída da "mera funcionalidade das coisas produzidas para o consumo" e "da mera utilidade dos objetos produzidos para o uso"[71] –, as obras de arte eram os objetos mais adequados para tornar permanente e estável um mundo fundado nas mais fúteis e nas mais mutáveis atividades: a ação e o discurso. É que "a memória e o dom de lembrar, dos quais provém todo desejo de imperecibilidade, necessitam de coisas que os façam recordar, para que eles próprios não venham a perecer"[72].

Mas, ainda que a atividade do artífice e do artista dê origem a produtos mundanos, essa atividade realizava-se na "privatividade do iso-

---

69. *Idem*, p. 105.
70. Arendt nota que a poesia e a música "são as menos 'materialistas das artes' porque seu 'material' consiste em sons e palavras, a reificação e o artesanato necessários são mínimos" (*idem*, p. 183).
71. *Idem*, p. 187.
72. *Idem*, p. 183.

a tradição de pensamento

lamento" e esse é o motivo pelo qual ela foi vista, entre os gregos, como mais uma entre as atividades que se realizavam na esfera privada.

Não é surpreendente que a distinção entre labor e trabalho tenha sido ignorada. A diferenciação entre a casa privada e a esfera pública, entre o doméstico que era um escravo e o chefe da casa que era um cidadão, entre as atividades que deviam ser escondidas na privatividade do lar e aquelas que eram dignas de vir a público, apagou e predeterminou todas as outras distinções, até restar somente um critério: é na privatividade ou em público que se gasta a maior parte do tempo e do esforço? A ocupação é motivada por *cura privati negotii* ou *cura rei publicae*, para cuidar de negócios privados ou para atender às coisas públicas?[73]

Os espaços público e privado eram, na Grécia Antiga, espaços bem delimitados. Os limites que separavam essas esferas eram as barreiras erguidas entre privação ou acesso à individualidade, ao mundo comum, à política, à realidade e à imortalidade. Os muros que cercavam a *polis* não tinham, assim, apenas a finalidade de proteger a cidade-estado contra as ameaças externas ou de preservar a *polis*, enquanto espaço público; eles delimitavam modos de vida totalmente distintos.

A lei da cidade-estado [...] era bem literalmente um muro, sem o qual poderia existir um aglomerado de casas, um povoado (*asty*) mas não uma cidade, uma comunidade política. Essa lei de caráter mural era sagrada, mas só o recinto delimitado pelo muro era político. Sem ela, seria tão impossível haver uma esfera política como existir uma propriedade sem uma cerca que a confinasse; a primeira resguardava e continha a vida política, enquanto a outra abrigava e protegia o processo biológico vital da família[74].

73. *Idem*, p. 95.
74. *Idem*, p. 73.

Esses muros são a evidência de que a *polis* pré-filosófica era, enquanto espaço da ação e do discurso, o espaço da contingência; nisso, a tradição não apenas esteve certa, como foi de um mundo contingente que os filósofos se afastaram. Mas esses mesmos muros são o testemunho, também, de que a *polis* pré-filosófica não era o mundo da necessidade, como apregoou essa mesma tradição; a *polis* era, pelo contrário, o referencial que sustentava o desprezo pelas necessidades vitais e a desconfiança frente ao utilitarismo da fabricação que, como notou Arendt, predominou em diferentes épocas na Grécia Antiga. Ao fazer a abstração dos muros que um dia cercaram a *polis,* a tradição aboliu as fronteiras entre o espaço público e o espaço privado, acabando por eliminar, juntamente com o sentido político da *polis*, a distinção entre as atividades que os gregos realizavam, então.

A VITA ACTIVA: *LABOR, TRABALHO E AÇÃO*

O contato com as "experiências brutas" resgatadas na *polis* pré-filosófica permitiram a Arendt construir um novo referencial para a compreensão da realidade. De posse desse referencial, Arendt faz o caminho de volta, rumo à modernidade, buscando iluminar uma realidade que havia, finalmente, se descoberto órfã da tradição.

Esse movimento realizado por Arendt tem sido visto por alguns críticos do seu pensamento como um percurso nostálgico no sentido de trazer para os dias de hoje a realidade da *polis* grega, um aspecto a ser tratado no capítulo terceiro deste estudo. Uma interpretação dessa natureza desconsidera que a busca empreendida por Arendt não foi realizada no sentido de recuperar o passado em

a tradição de pensamento

si mesmo, e, sim, as condições humanas que ali se manifestaram e que representam, por isso mesmo, um potencial – um verdadeiro tesouro –, que pode sempre vir a revelar-se, desde que encontre espaço para isso; a *polis* grega é, para Arendt, um exemplar histórico de um tal espaço.

Diferentemente daqueles que buscaram na tradição de pensamento a qualidade verdadeira humana do homem, Arendt buscou, na *polis,* as capacidades humanas que se deram a conhecer ao mundo fundado pelos gregos, resgatando as atividades enquanto manifestações da condição humana que encontravam-se perdidas na origem da tradição. Ela procura na *polis* grega e na antiguidade romana, a linguagem e as experiências humanas fundamentais que, mais que a teoria, "nos ensinam que as coisas do mundo, entre as quais transcorre a *vita activa*, são de natureza diferente e produzidas por tipos muito diferentes de atividades"[75].

No prólogo de *A Condição Humana*, Arendt afirma que o tema central desse livro é "o que estamos fazendo". Ela desenvolve esse tema a partir de uma análise sistemática "daquelas capacidades humanas gerais decorrentes da condição humana, e que são permanentes, isto é, que não podem ser irremediavelmente perdidas enquanto não mude a própria condição humana"[76] e através de uma análise histórica que busca as origens da atual alienação do homem. É que, para Arendt, a condição humana foi dada ao homem e é, também, criada pelo homem: enquanto ser condicionado que é,

---

75. H. Arendt, *A Condição Humana*, p. 105.
76. *Idem,* p. 14. Para Arendt a condição humana só mudaria caso o homem abandonasse a Terra, uma vez que esta é a "própria quintessência da condição humana" (*idem*, p. 10).

hannah arendt e karl marx: o mundo do trabalho

tudo o que o homem toca e tudo o que ele experimenta passa a fazer parte da condição humana. É por isso que ela dedica-se à análise de algumas das condições que o homem recebeu juntamente com a vida e que por isso lhe pertencem, mesmo que em estado potencial, em qualquer parte do globo e em qualquer tempo histórico, mas trata, também, das manifestações da condição humana que são historicamente datadas, mais especificamente daquelas que tiveram lugar a partir da era moderna.

A presente seção trata das atividades componentes da *vita activa*, segundo o estudo sistemático realizado por Arendt em *A Condição Humana*, uma vez que esse estudo é o fundamento da crítica que essa pensadora dirigiu a Marx, bem como da interpretação que ela fez da sociedade moderna. A abordagem histórica será estudada nos capítulos posteriores.

Em "Trabalho, Obra e Ação", ao fazer a pergunta: "em que consiste a *vita activa*?", Arendt reconhece que, levantando essa questão, está admitindo a "validade de uma velha distinção entre uma *vita contemplativa* e uma *vita activa*, que nós encontramos na tradição do pensamento filosófico e religioso"[77]. Apesar de não existirem referências a um modo de vida contemplativo na *polis* pré-filosófica, essa pensadora não rejeita, em sua análise, a expressão *vita contemplativa* por ter-se constituído esta, posteriormente, o modo de vida efetivo dos filósofos. O que Arendt recusa-se a aceitar é a superioridade que estes atribuíram à *vita contemplativa*, uma superioridade que, construída a partir de um pensamento desvinculado da realidade, acabou ignorando as diferentes formas de expressão da *vita activa*.

---

77. H. Arendt, "Travail, œuvre, action" ("Trabalho, Obra, Ação"), p. 3.

a tradição de pensamento

Se o uso da expressão *vita activa*, tal como aqui o proponho, está em manifesto conflito com a tradição, é que duvido, não da validade da experiência que existe por trás dessa distinção, mas da ordem hierárquica que a acompanha desde o início. Isto não significa que eu deseje contestar ou até mesmo discutir o conceito tradicional de verdade como revelação e, portanto, como algo essencialmente dado ao homem, ou que prefira a asserção pragmática da era moderna de que o homem só pode conhecer aquilo que ele mesmo faz. Afirmo simplesmente que o enorme valor da contemplação na hierarquia tradicional obscureceu as diferenças e manifestações no âmbito da própria *vita activa*[78].

Tendo eliminado um passado de experiências, Platão foi o primeiro a afirmar a superioridade da contemplação sobre as demais atividades. O cristianismo referendou, posteriormente, o rebaixamento das atividades que passaram a compor a *vita activa*, mas é no início da tradição, na Grécia, portanto, que encontra-se a origem da identificação entre *vita contemplativa* e modo de vida superior àquele vivido na *polis* – o modo de vida político[79].

Aristóteles preservou a superioridade atribuída por Platão à *vita contemplativa*, mas não incluía, ainda, como componentes da *vita activa*

78. H. Arendt, *A Condição Humana*, p. 25.
79. "A superioridade da contemplação não é de origem cristã. [...] A posterior pretensão dos cristãos – de serem livres de envolvimento em assuntos mundanos, livres de todas as coisas terrenas – foi precedida pela *apolitia* filosófica da última fase da antiguidade e dela se originou. O que até então havia sido exigido somente por alguns poucos era agora visto como direito de todos" (*idem*, pp. 22-23). "O cristianismo, com a sua crença num outro mundo cujas alegrias se prenunciam nos deleites da contemplação, conferiu sanção religiosa ao rebaixamento da *vita activa* à sua posição subalterna e secundária; mas a determinação dessa mesma hierarquia coincidiu com a descoberta da contemplação (*theoria*) como faculdade humana, acentuadamente diversa do pensamento e do raciocínio, que ocorreu na escola socrática e que, desde então, vem orientando o pensamento metafísico e político de toda a nossa tradição" (*idem*, pp. 24-25).

hannah arendt e karl marx: o mundo do trabalho

as atividades voltadas para a sobrevivência e para a fabricação de objetos. Para Aristóteles, essas atividades não conformavam modos de vida (*bioi*), e isso porque não apenas estas atividades não propiciavam àquele que as realizava o "domínio dos seus movimentos e ações", mas, também, porque elas não tinham em comum com os três modos de vida, por ele assim eleitos, a dedicação ao belo. Esse é o motivo pelo qual a "vida dedicada aos assuntos na *polis*", juntamente com "a vida voltada para os prazeres do corpo, na qual o belo é consumido tal como é dado [...] e a vida do filósofo, dedicada à investigação e à contemplação das coisas eternas"[80], mereceu destaque por parte de Aristóteles, como um modo de vida particular. Isso não significa, todavia, que a vida na *polis* fosse valorizada, por este, da mesma forma que a *vita contemplativa*. Se a vida na *polis* mereceu, então, algum destaque por parte de Aristóteles, foi porque a cidade-estado grega, segundo Arendt, ainda permanecia de pé e era vista, nessa época, como uma "organização política muito especial e livremente escolhida, bem mais que mera forma de ação necessária para manter os homens unidos e ordeiros"[81].

Parece, portanto, que enquanto os muros da cidade-estado grega encontravam-se de pé, a separação entre esfera privada e esfera pública permaneceu, de alguma maneira, na memória dos filósofos socráticos e, assim, na tradição. Com o desaparecimento da cidade-estado grega, a expressão *vita activa* passou a abrigar, dentro da tradição, todas as atividades identificadas com o movimento e com a *askholia* grega – ao "desassossego" e à "ocupação", surgindo,

80. *Idem*, p. 21.
81. *Idem, ibidem.*

a tradição de pensamento

assim, efetivamente, como um contraponto à *vita contemplativa*, que era definida, então, pela quietude[82].

Tradicionalmente, e até o início da era moderna, a expressão *vita activa* jamais perdeu sua conotação negativa de *in-quietude*, *nec-otium*, *a-skholia*. Como tal, permaneceu intimamente ligada à distinção grega, ainda mais fundamental, entre as coisas que são por si o que são e as coisas que devem ao homem a sua existência, entre as coisas que são *phisey* e as coisas que são *nomo*. O primado da contemplação sobre a atividade baseia-se na convicção de que nenhum trabalho de mãos humanas pode igualar em beleza e verdade o *kosmos* físico, que revolve em torno de si mesmo, em imutável eternidade, sem qualquer interferência ou assistência externa, seja humana ou divina. Esta eternidade só se revela a olhos mortais quando todos os movimentos e atividades humanas estão em completo repouso. Comparadas a este aspecto da quietude, todas as diferenças e manifestações no âmbito da *vita activa* desaparecem. Do ponto de vista da contemplação, não importa o que perturba a necessária quietude; o que importa é que ela seja perturbada[83].

Perdeu-se, assim, na tradição de pensamento ocidental, a diferenciação entre as atividades e isso ocorreu porque o que se rompeu, a partir do ponto de vista do filósofo, foram os limites entre as esferas pública e privada. Um exemplo, apontado por Arendt, do esquecimento do sentido pré-filosófico de *política* é o uso, posterior, como seu equivalente, da palavra *social*, de origem

---

82. "A palavra grega *skhole*, como a latina *otium*, significa basicamente isenção de atividade política e não simplesmente lazer, embora ambas sejam também usadas para indicar isenção do labor e das necessidades da vida. De qualquer modo, indicam sempre uma condição de isenção de preocupações e cuidados" (*idem*, p. 23).

83. *Idem*, p. 24.

romana e sem correspondência no vocabulário grego. Esse vocábulo, que se referia à vida gregária dos homens, tinha ainda, para Platão e Aristóteles, o sentido associado à vida das espécies animais – às necessidades da vida biológica. Essa expressão não tinha o mesmo sentido de vida comum, assentada no espaço público e no despreendimento em relação a tudo o que fosse necessário e útil à vida. Para Arendt, "Agostinho foi, aparentemente, o último a conhecer pelo menos o que havia outrora significado ser um cidadão"[84].

Assim, se o rompimento dos limites entre esfera pública e esfera privada provocou um rebaixamento da política, na tradição de pensamento ocidental, isso não significou, todavia, uma elevação imediata da atividade voltada para a fabricação; inicialmente, os filósofos socráticos ainda apontavam a fabricação como atividade mais elevada, apenas pela valorização do trabalho do artista, e mantinham a atividade voltada para a satisfação das necessidades como aquela que era a inferior entre as demais. A *vita activa*, vista pela ótica da *vita contemplativa*, acabou, no entanto, por referir-se a tudo o que fosse ação (*praxis*), entendida como um movimento voltado para as necessidades e utilidades da vida: tudo aquilo que um "corpo vivo" necessita para viver, uma vez que a *vita contemplativa* era a inauguração de um modo de vida dedicado às coisas eternas.

Tradicionalmente, portanto, a expressão *vita activa* deriva o seu significado da *vita contemplativa*; sua mui limitada dignidade deve-se ao fato

---

84. *Idem*, p. 22.

a tradição de pensamento

de que serve às necessidades e carências da contemplação num corpo vivo[85].

É que a *vita contemplativa* como modo de vida oposto ao modo de *vita activa* significava, também, uma oposição à "luta pela imortalidade" que era o fundamento da vida política.

A experiência do eterno tal como a tem o filósofo – experiência que, para Platão, era *arrheton* ("indizível") e, para Aristóteles, *aneu logou* ("sem palavras") e que, mais tarde, foi conceitualizada no paradoxal *nunc stans* ("aquilo que é agora") – só pode ocorrer fora da esfera dos negócios humanos e fora da pluralidade dos homens. É o que vemos na parábola da Caverna[86].

A diferença mais importante, sublinhada por Arendt, entre eternidade e imortalidade, no entanto, é que a primeira não está associada a quaisquer atividades e nem pode ser transformada em uma nova atividade, pois o pensamento, "que ocorre dentro de uma pessoa através de palavras", implica a interrupção das experiências que aquelas atividades traduzem[87]. Por isso, nota Arendt, contestar a superioridade da *vita contemplativa* é importante: se é possível

atravessar a vida sem jamais se entregar à contemplação, ainda que uma pessoa não possa ficar no estado de contemplação durante toda a vida,

---

85. *Idem*, pp. 24-25.
86. *Idem*, p. 29.
87. Para Arendt, é possível que os filósofos tenham descoberto a eternidade a partir da descrença na possibilidade de ser a *polis* um lugar para se alcançar a imortalidade, em função da degeneração da vida política na *polis* e, posteriormente, da própria cidade-estado grega.

[...] a *vita activa* não é somente esta à qual se consagra a maior parte dos homens, mas aquela à qual nenhum homem pode escapar[88].

É no que diz respeito à condição humana que a contemplação fica dependente de todas as atividades componentes da *vita activa*: do labor para a manutenção da vida, do trabalho para a criação da morada do homem e da ação para "organizar a vida em comum dos múltiplos seres humanos de modo que seja assegurada a paz, condição da quietude da contemplação"[89].

Arendt sublinha, assim, o tratamento diferenciado que ela vai dar ao uso do termo *vita activa*. Para ela, o termo *vita activa*, além de não expressar quaisquer relações de superioridade ou de inferioridade frente à *vita contemplativa*, faz referência a atividades que se mostram distintas, entre si, enquanto manifestações da condição humana. Além disso, Arendt não supõe uma ideia central capaz de justificar a superioridade de uma atividade em relação às demais, como fez a tradição, que, apelando para a verdade eterna, elegeu o pensamento puro como o definidor do homem em sua natureza ou, como fez Marx, que divisou a natureza humana na força ativa e produtiva do homem.

A inversão hierárquica na era moderna tem em comum com a tradicional hierarquia a premissa de que a mesma preocupação humana central deve prevalecer em todas as atividades dos homens, posto que, sem um único princípio global, nenhuma ordem pode ser estabelecida[90].

A procura da qualidade verdadeiramente humana do homem, desde os primórdios da tradição, está associada, segundo Arendt, à

88. H. Arendt, "Travail, œuvre, action" ("Trabalho, Obra, Ação"), pp. 3-4.
89. *Idem*, p. 4.
90. H. Arendt, *A Condição Humana*, p. 25.

a tradição de pensamento

busca da natureza humana: à tentativa de encontrar uma resposta para a pergunta "quem somos?" Para ela, a natureza humana nada tem a ver com a condição humana, além do que, tem existência improvável: nenhuma das condições humanas poderia ser eleita como aquela capaz de definir quem o homem é, já que nenhuma delas pode condicionar o homem de maneira absoluta, em detrimento das demais, bem como

[...] nada nos autoriza a presumir que o homem tenha uma natureza ou essência no mesmo sentido em que as outras coisas as têm. Em outras palavras, se temos uma natureza ou essência, então certamente só um deus pode conhecê-la e defini-la; e a condição prévia é que ele possa falar de um "quem" como se fosse um "quê"[91].

Entre as atividades que compõem a *vita activa,* Arendt trata da ação, do trabalho e do labor. A diferença entre labor e trabalho é um dos aspectos centrais do estudo que ela empreende no capítulo "O Labor de Nosso Corpo e o Trabalho de Nossas Mãos". Segundo ela, nem a tradição nem as teorias modernas do trabalho se ocuparam de uma tal distinção, que carece, por isso mesmo, de provas históricas. Além das evidências fenomenológicas, já estudadas, que apontam para essa distinção, fala em favor da mesma uma

[...] testemunha muito eloquente e obstinada: a simples circunstância de que todas as línguas europeias, antigas e modernas, possuem duas palavras de etimologia diferente para designar o que para nós, hoje, é a mesma atividade, e conservam ambas a despeito do fato de serem repetidamente usadas como sinônimas[92].

91. *Idem*, p. 18.
92. *Idem,* p. 90.

hannah arendt e karl marx: o mundo do trabalho

Assim, a língua grega diferencia entre *ponein* e *ergazesthai*, o latim entre *laborare* e *facere* ou *fabricari*, que têm a mesma raiz etimológica; o francês, entre *travailler* e *ouvrer*, o alemão entre *arbeiten* e *werken*. Em todos estes casos, só os equivalentes de *labor* têm conotação de dor e atribulação[93].

---

93. *Idem, ibidem.* Arendt faz algumas observações que deixam dúvida sobre a correção de uma tradução literal do inglês para o português, quando se trata das palavras *labor*/labor e *work*/trabalho. Arendt nota que "o francês *travailler* substituiu a outra palavra mais antiga, *labourer*, e vem de *tripalium*, que era uma espécie de tortura". Arendt, *A Condição Humana*, p. 90. A mesma origem, portanto, de trabalho que deriva da palavra trabalhar: oriunda do "latim vulgar – *tripāliāre* 'torturar', derivado de *tripālium* 'instrumento de tortura' composto de três paus; da ideia inicial de 'sofrer', passou-se à de 'esforçar(-se), lutar, pugnar' e, por fim, 'trabalhar'", Antônio Geraldo da Cunha, *Dicionário Etimológico Nova Fronteira da Língua Portuguesa*, Rio de Janeiro, Nova Fronteira, 1997. Arendt observa, também, que "todas as palavras europeias para *labor* – o latim e o inglês *labor*, o grego *ponos*, o francês *travail*, o alemão *Arbeit* – significam dor e esforço e são usadas também para as dores do parto". Arendt, *A Condição Humana*, p. 58. Isso se confirma na língua portuguesa com a expressão *trabalho de parto*. Além disso, Arendt afirma que do ponto de vista linguístico, que, para ela, é o mais importante, as palavras *labor* e *work* não puderam ser empregadas como sinônimas no seguinte caso: a palavra *labor*, não designa, enquanto substantivo, o produto final, ao passo que é da palavra *work* que deriva o nome do próprio produto" (*The Human Condition*, University Chicago Press, 1989, p. 80). Desse ponto de vista, a palavra "obra" é o substantivo capaz de designar o produto em português. Finalmente, Arendt chama a atenção para o fato de que "*work*, œuvre e Werk tendem cada vez mais a ser usadas para designar obras de arte nas três línguas" (*A Condição Humana*, p. 81 – grifo meu). O argumento decisivo de Arendt, para que se opte pelo uso de "obra" como tradução de *work* é o fato desta atividade possibilitar o uso de um substantivo para nomear o produto, já que a característica da atividade do *homo faber* é produzir um objeto que, por essa sua condição, empresta durabilidade ao mundo. Opta-se, neste estudo, no entanto, pelo uso da tradução *labor*/labor e *work*/trabalho, uma vez que esta foi aquela utilizada em todas as obras de Arendt vertidas para o português. Josué Pereira da Silva, em artigo publicado na revista *São Paulo em Perspectiva*, referiu-se à tradução equivocada dos termos *work* e *labor* para o português, embora não tenha esclarecido os motivos de uma tal afirmação (J. Pereira da Silva, "Repensando a Relação entre Trabalho e Cidadania Social", *São Paulo em Perspectiva*, São Paulo, SEADE, 1995, vol. 9, n. 4). André Duarte

a tradição de pensamento

Inspirada em Locke, Arendt diferencia aquelas duas atividades a partir da distinção entre o corpo que "labora" e as mãos que "trabalham". O labor, que é o metabolismo do homem com a natureza, é uma atividade associada ao processo natural da vida. Ele é a atividade que está voltada para a manutenção da vida e sobrevivência da espécie e está associada ao corpo – ao processo *biológico* do corpo –, pelo movimento que realiza para tirar da natureza os meios de subsistência, pelo consumo desses meios e pela reprodução da espécie. Nesse sentido, a expressão *animal laborans* é, segundo Arendt, a mais adequada para apontar aquele que se dedica a essa atividade.

E a verdade é que o emprego da palavra "animal" no conceito de *animal laborans*, ao contrário do outro uso, muito discutível, de *animal rationale*, é inteiramente justificado. O *animal laborans* é, realmente, apenas uma das espécies animais que vivem na terra – na melhor das hipóteses a mais desenvolvida[94].

O trabalho, por sua vez, é a atividade associada às mãos, pela produção de objetos que estão destinados a ocupar um lugar no mundo, emprestando a este permanência e familiaridade. O *homo faber*, aquele que se dedica a essa atividade, usando a natureza como material da fabricação, produz o artefato humano – os objetos que, pela sua durabilidade, constroem o mundo como morada do homem: as obras de arte e os objetos de uso.

---

opta pelo uso dos termos "trabalho" e "fabricação", por considerar que labor e trabalho são sinônimos (A. Duarte, *O Pensamento à Sombra da Ruptura: Política e Filosofia na Reflexão de Hannah Arendt*, São Paulo, Tese de Doutorado/USP, 1997).

94. H. Arendt, *A Condição Humana*, p. 95.

hannah arendt e karl marx: o mundo do trabalho

Arendt distingue, assim, trabalho e labor, como atividades singulares que, juntamente com a ação, vão compor o seu estudo da *vita activa*, três atividades que são "as manifestações mais elementares da condição humana, aquelas atividades que tradicionalmente, e também segundo a opinião corrente, estão ao alcance de todo ser humano"[95]. Cada uma dessas atividades está referida a uma entre as condições humanas – aquelas condições a partir das quais "a vida foi dada ao homem". A partir desta distinção fundamental, Arendt diferencia labor, trabalho e ação pela maneira como essas atividades se realizam, pelo espaço que ocupam na natureza ou no mundo, na esfera privada ou pública, pelo resultado final obtido através da realização das mesmas e pela maneira como os homens se expressam a partir de cada uma delas. Ela alertou, porém, para o fato de que não tinha a intenção de dedicar-se a um estudo exaustivo dessas atividades e que procurou ressaltar aqueles aspectos que poderiam vir a esclarecer em que medida a determinação das atividades nas esferas pública ou privada está associada à natureza dessas mesmas atividades[96].

A condição humana do labor é a própria vida. A atividade do labor corresponde ao ciclo vital da natureza; é uma atividade que, voltada para a sobrevivência da espécie, não tem começo nem fim: é um movimento que se realiza e persiste geração após geração. Do ponto de vista do labor, a vida de cada pessoa encontra-se associada ao movimento cíclico natural. Levando-se em conta o processo vital de cada corpo isolado, o labor é, também, uma atividade que se realiza através de um movimento circular, que alterna a obtenção dos meios de subsistência e o próprio consumo desses meios – um

95. *Idem*, p. 13.
96. *Idem*, p. 88.

a tradição de pensamento

movimento que só termina com a própria vida. A esses processos circulares, vinculados às necessidades vitais, encontra-se submetido o *animal laborans*.

O labor não pode construir o mundo como morada do homem, pois nada deixa atrás de si: porque destinados ao consumo ou porque, uma vez não consumidos, tendem a degradar-se rapidamente, seus produtos não têm durabilidade suficiente para constituir a objetividade do mundo. Do ponto de vista da natureza, o labor realiza-se em harmonia com esta, pois os meios de subsistência, arrancados da natureza, a ela retornam quer se destinem ao consumo quer sejam abandonados à degradação. Os produtos do labor são, assim, os mais necessários e os menos duráveis entre as coisas tangíveis e, por isso mesmo, os mais naturais e os menos mundanos dos produtos.

A produção de meios de consumo em quantidade superior ao necessário para a manutenção da vida daquele que labora é uma característica do labor, que atende, assim, à sobrevivência da espécie, ao suprir, também, as necessidades daqueles que não se encontram em condições de prover a sua própria vida: o trabalho de um membro da família pode atender às necessidades de mais de um de seus membros. Para Arendt, "a 'produtividade' especificamente humana é parte integrante da natureza"[97].

O labor é, também, um processo circular, enquanto encadeamento de esforço e de gratificação: ao esforço e à dor associados à manutenção da vida e à sobrevivência da espécie, segue-se o prazer e a felicidade no consumo e na reprodução da espécie.

---

97. H. Arendt, "Travail, œuvre, action" ("Trabalho, Obra, Ação"), p. 10.

Em seu nível mais elementar, as "fadigas e penas" de adquirir e os prazeres de "incorporar" o que é necessário à vida são tão intimamente ligados entre si no ciclo biológico, cujo ritmo recorrente condiciona a vida humana em seu movimento singular e unilinear[98].

Para Arendt, o esforço e a dor pertencem ao mesmo processo que permite a expressão da "felicidade de se estar vivo".

Não existe felicidade duradoura fora do ciclo prescrito de exaustão dolorosa e regeneração agradável; e tudo o que perturba o equilíbrio deste ciclo – pobreza e miséria nas quais a exaustão é seguida pela desgraça ao invés de regeneração, ou grande riqueza e uma vida inteiramente isenta de esforço na qual o tédio toma o lugar da exaustão e as engrenagens da necessidade, do consumo e da digestão trituram, implacável e esterilmente, um corpo humano impotente até matá-lo – destrói a felicidade fundamental que advém do fato de se estar vivo[99].

Algumas funções que estão associadas à atividade do labor têm um caráter exclusivamente privado, como é o caso da reprodução e do consumo. O labor, propriamente dito, no entanto, enquanto esforço dirigido para tirar da natureza os meios necessários à subsistência, "por ser atividade e não mera função", é menos privado se comparado com aquelas funções.

O *animal laborans* não foge do mundo, mas dele é expelido na medida em que é prisioneiro da privatividade do próprio corpo, adstrito à satisfa-

---

98. H. Arendt, *A Condição Humana*, p. 132.
99. *Idem*, p. 119. "A bênção da vida como um todo, inerente ao labor, jamais pode ser proporcionada pelo trabalho, nem deve ser confundida com o breve intervalo de alívio e alegria que se segue à consumação de um feito e acompanha a sua realização" (*idem, ibidem*).

a tradição de pensamento

ção de necessidades das quais ninguém pode compartilhar e que ninguém pode comunicar inteiramente[100].

A condição humana do trabalho é a mundanidade. Os produtos da fabricação, pela sua durabilidade, ganham independência em relação aos homens que com eles se relacionam, constituindo o mundo em sua objetividade. O trabalho produz objetos de uso e obras de arte que emprestam da natureza aquela durabilidade; submetidos ao desgaste, no entanto, os objetos de uso alcançam menor permanência no mundo do que a obra de arte, que, sem fins utilitários, é o mais mundano entre os artefatos fabricados pelas mãos do homem. Os produtos do trabalho emprestam familiaridade ao mundo e estabilidade à vida humana:

[...] não obstante sua natureza sempre cambiante, [os homens] podem recobrar sua identidade graças às suas relações com a mesmidade persistente dos objetos, com a mesma cadeira hoje e amanhã, com a mesma casa do nascimento à morte. Face à subjetividade dos homens tem-se a objetividade do artifício feito pelo homem, não a indiferença da natureza[101].

Do ponto de vista da natureza, o trabalho, ao contrário do labor, é uma violência: destrói a natureza ao utilizá-la como matéria para a construção do artefato humano. Através do olhar do *homo faber* a natureza também se torna objetiva – um meio a ser utilizado no processo de fabricação.

O trabalho é uma atividade que, ao contrário do labor, está determinada, como observa Arendt, pelas categorias de meios e fins.

---

100. *Idem*, p. 131.
101. H. Arendt, "Travail, œuvre, action" ("Trabalho, Obra, Ação"), p. 13.

67

hannah arendt e karl marx: o mundo do trabalho

"Ter um começo determinado e um fim previsível determinado é a marca da fabricação que, por esta característica, apenas, se distingue de todas as atividades humanas"[102]. Embora o produto marque o fim da atividade da fabricação, ele não é um fim em si mesmo; uma vez produzido, o objeto ganha independência em relação ao processo e passa a compor uma nova cadeia de meios e fins, na forma de objeto de uso ou de objeto de troca. O *homo faber*, ao contrário do *animal laborans*, não se encontra submetido a processos circulares implacáveis, ele é o senhor e "mestre de si mesmo e de seus atos. [...] Sozinho, com a imagem do futuro produto, o *homo faber* é livre para produzir, e sozinho, agora, diante da obra de suas mãos, é livre para destruir"[103].

O *homo faber* é realmente amo e senhor não apenas porque é o senhor ou se arrogou o papel de senhor de toda a natureza, mas porque é senhor de si mesmo e de seus atos. Isto não se aplica ao *animal laborans*, sujeito às necessidades de sua existência, nem ao homem de ação, que sempre depende de seu semelhante[104].

As noções de instrumentalidade e de utilidade estão vinculadas à atividade da fabricação de tal forma que, no mundo utilitário do *homo faber*, "todos os fins tendem a ser de curta duração e a transformar-se em meios para outros fins"[105].

A perplexidade do utilitarismo é que se perde na cadeia interminável de meios e fins sem jamais chegar a algum princípio que possa justifi-

102. *Idem*, p. 15.
103. *Idem, ibidem.*
104. H. Arendt, *A Condição Humana*, p. 157.
105. *Idem*, p. 167.

a tradição de pensamento

car a categoria de meios e fins, isto é, a categoria da própria utilidade. O "para que" torna-se o conteúdo do "em nome de quê"; em outras palavras, a utilidade, quando promovida a significância, gera a ausência de significado[106].

Do ponto de vista de sua localização, a fabricação é uma atividade que o *homo faber* realiza no isolamento, para a produção de objetos que, excetuando-se as obras de arte, estão destinados à privatividade do uso. O *homo faber* tem, no entanto, uma esfera pública própria – o mercado de trocas –, que não coincide com a esfera público-política, no sentido de que o *homo faber* "só consegue relacionar-se devidamente com outras pessoas, trocando produtos com elas"[107].

A condição humana da ação é a pluralidade humana. A ação é a "única atividade que se exerce diretamente entre os homens sem a mediação das coisas ou da matéria, corresponde à condição humana da pluralidade, ao fato de que os homens e não o Homem vivem na Terra e habitam o mundo"[108]. Com esta última afirmação, Arendt sublinha a especificidade da pluralidade humana: entre os homens, "a pluralidade humana é a paradoxal pluralidade de seres singulares"[109]. Diferentemente da atividade do labor, realizada pelo *animal laborans* enquanto membro de espécie – um membro como um outro qualquer –, e de maneira diversa do trabalho, que é executado pelo *homo faber* no isolamento, a ação está fundada na convivência entre os homens, que vêm ao mundo, cada qual, como um ser único

106. *Idem, ibidem.*
107. *Idem,* p. 174.
108. *Idem,* p. 15.
109. *Idem,* p. 189.

e, nesse sentido, desconhecido dos demais, trazendo consigo a marca do imprevisível. É nesse sentido que a ação está associada à condição humana do nascimento. Agir, nota Arendt, "no sentido mais geral do termo, significa tomar iniciativa, iniciar (como o indica a palavra grega *archein,* 'começar', 'ser o primeiro' e, em alguns casos 'governar'), imprimir movimento a alguma coisa (que é o significado original do termo latino *agere*)"[110].

Diferentemente do labor, que é um processo circular, sem começo ou fim, e diferentemente do trabalho, que se realiza enquanto processo que tem um começo e um fim determinados, a ação, enquanto atividade mesma, existe apenas em sua realização e nesse sentido ela é iniciativa. Lançada na teia das relações humanas, é o inicio de um processo com desdobramentos imprevisíveis. Do ponto de vista da vida humana, "em seu sentido não biológico", a ação é a própria manifestação da vida e, neste caso, ela é nascimento.

Enquanto ato em si, a ação revela a singularidade de seu ator, sendo esse o motivo pelo qual a ação não existe sem a palavra. Na ação, o indivíduo, através do discurso, conta "quem ele é", revelando, assim, a sua identidade.

A ação muda não existe, ou se ela existe é irrelevante; sem a palavra a ação perde o ator, e o agente dos atos só é possível, na medida em que ele é, ao mesmo tempo, aquele que diz as palavras, que se identifica como o ator e anuncia o que está fazendo, o que fez, ou o que tem a intenção de fazer[111].

110. *Idem*, p. 191.
111. H. Arendt, "Travail, œuvre, action" ("Trabalho, Obra, Ação"), p. 22.

a tradição de pensamento

Do ponto de vista do processo que põe em movimento, a ação passa a fazer parte de uma teia de relações humanas preexistente, "com suas inúmeras vontades e intenções conflitantes", de tal forma que se a ação geralmente não atinge os objetivos esperados por seus atores, ela produz histórias, "com a mesma naturalidade com que a fabricação produz coisas tangíveis"[112]. Enquanto manifestação da vida, a ação também produz histórias: a história da vida de cada pessoa. Porque as consequências da ação se perdem na teia, preexistente, dos negócios humanos e em outras teias às quais ela dá início, não apenas o resultado do processo é desconhecido, como, também, o seu autor – só o agente e seu cometimento são conhecidos, a autoria pertence a todos que estiveram envolvidos no processo. Assim é, também, com a História da Humanidade e com a história da vida de cada pessoa. Porque a História é fruto da ação – um conjunto de várias histórias –, dela só é possível saber quem são os agentes e quais foram os seus atos; a História tem muitos autores e narradores, mas nunca "autores tangíveis". Esse é o motivo pelo qual uma pessoa jamais é a autora da sua própria vida.

Além de dar início a um processo imprevisível em seus resultados, as consequências da ação são irreversíveis. Por serem imprevisíveis e irreversíveis seriam insuportáveis aos homens e tornar-se-iam um impedimento para a ação, se não encontrassem no perdão e na promessa formas de amenizar aquelas consequências. Como forma de minimizar a imprevisibilidade da ação, as promessas estabelecem, segundo Arendt, como que "ilhas de segurança no futuro", sem as quais as relações entre os homens não alcançariam

---

112. H. Arendt, *A Condição Humana*, p. 196.

hannah arendt e karl marx: o mundo do trabalho

continuidade nem durabilidade. O perdão, por sua vez, ao desfazer o que está feito, é o remédio para a irreversibilidade. Perdão e promessa são acordos, dos quais os homens lançam mão para "apagar" o passado e para "prever" o futuro, de modo que o perdão e a promessa constituem-se como o fundamento dos contratos e das leis. São acordos que os homens estabelecem entre si para não se transformarem em simples joguetes da contingência e para evitar "qualquer ideia de soberania, de dominação, ou de domínio de si e de outrem"[113], de modo que a violência não é uma repercussão necessária da ação.

A ação produz fatos e histórias que podem ser reificados.

Estas histórias podem ser registradas em documentos e monumentos, podem ser contadas na poesia e na historiografia, e elaboradas em toda a sorte de materiais. Por si mesmas, porém, são de natureza inteiramente diferente destas reificações[114].

Do ponto de vista de sua localização, a ação, que só existe no espaço público, produz uma realidade distinta do artefato humano; o "produto" mais imediato da ação é a realidade: "a realidade

---

113. A. Amiel, *Hannah Arendt, Política e Acontecimento*, Lisboa, Instituto Piaget, Coleção Pensamento e Filosofia, 1996, p. 72. "Promessa é o modo exclusivamente humano de ordenar o futuro, tornando-o previsível e seguro até onde seja humanamente possível. E uma vez que a previsibilidade do futuro nunca é absoluta, as promessas são restringidas a duas limitações essenciais. Estamos obrigados a cumprir nossas promessas enquanto não surgir alguma circunstância inesperada, e enquanto a reciprocidade inerente a toda promessa não for rompida. Existem inúmeras circunstâncias que podem levar ao rompimento da promessa, sendo a mais importante delas, no nosso contexto, a circunstância geral da mudança", H. Arendt, "Desobediência Civil", *Crises da República*, São Paulo, Perspectiva, 1973, p. 82.

114. H. Arendt, "Travail, œuvre, action" ("Trabalho, Obra, Ação"), p. 23.

a tradição de pensamento

do próprio eu, da própria identidade, ou a realidade do mundo circundante"[115]. "A mundanidade das coisas vivas significa que não há sujeito que não seja também objeto e que não apareça como tal para alguém que garanta sua realidade 'objetiva'"[116]. Ao expor o seu ator ao senso comum, a ação dá existência ao seu ser, e é por isso que, para Arendt, *"Ser e Aparecer coincidem"*[117].

O único atributo do mundo que nos permite avaliar sua realidade é o fato de ser comum a todos nós: e, se o senso comum tem posição tão alta na hierarquia das qualidades políticas, é que é o único fato que ajusta à realidade global os nossos cinco sentidos estritamente individuais e os dados rigorosamente particulares que eles registram[118].

Por ser o início do imprevisível, um ímpeto na direção do novo, não condicionada, portanto, por quaisquer acontecimentos anteriores ou por quaisquer necessidades ou motivos utilitaristas, a ação é a própria liberdade e esse é o sentido da política, para Arendt.

A ação, com todas suas incertezas, é como uma recordação permanente de que os homens, ainda que tenham de morrer, não nasceram para a morte, senão para começar algo novo. *Initium ut esset creatus est*; "para que

---

115. H. Arendt, *A Condição Humana*, p. 220.
116. H. Arendt, *A Vida do Espírito*, p. 17.
117. *Idem, ibidem.*
118. H. Arendt, *A Condição Humana*, p. 221. "Arendt dá prioridade ao que, da ótica da metafísica, não se dá valor algum (ao menos no que toca o conhecer em sua verdade as coisas) e que é o senso comum. O senso comum está em contato com o mundo das aparências e trabalha com o que está na frente, aparecendo, jamais com aquilo que está por trás, suas causas ocultas e mais reais, para Arendt, o homem não vive num mundo de causas, mas de aparências." D. M. Critelli, *Analítica do Sentido: Uma Aproximação e Interpretação do Real de Orientação Fenomenológica*, São Paulo, EDUC/Brasiliense, 1996, p. 42.

hannah arendt e karl marx: o mundo do trabalho

houvesse começo o homem foi criado", disse Agostinho. Com a criação do homem, o princípio do começo entrou no mundo – o que vale dizer que, com a criação do homem, o princípio da liberdade apareceu sobre a terra[119].

De posse das atividades componentes da *vita activa*, assim compreendidas, Arendt retorna à era moderna, divisando-a, agora, sob uma nova perspectiva. No limiar do mundo moderno, ela acerta contas com as ideias de Marx, ao apontar como os conceitos de ação e de trabalho, emprestados, por ele, da tradição, acabaram por gerar insuficiências nas interpretações que elaborou a respeito da sociedade moderna, bem como contradições dentro do seu próprio pensamento político. O capítulo seguinte trata dessas insuficiências e contradições, a partir da visão arendtiana da modernidade e do referencial arendtiano estudado ao longo do presente capítulo.

---

119. H. Arendt, "Travail, œuvre, action" ("Trabalho, Obra, Ação"), p. 26.

II. A Crítica de Hannah Arendt a Karl Marx: A *Vita Activa* como Valorização da Vida

A concepção de Marx de que a verdade tem a sua localização no mundo dos assuntos humanos é, para Arendt, o marco do fim do pensamento político tradicional, por constituir-se a mesma uma convicção oposta àquela que tinham os filósofos socráticos quando abandonaram a *polis* em troca da verdade eterna.

Essa crença levou Marx a ancorar suas reflexões na realidade, buscando compreender as mudanças que caracterizaram sua época e que tiveram como marcos fundamentais as Revoluções Francesa e Industrial. Esse gesto de Marx poderia ter sido a inauguração de um referencial totalmente novo para a compreensão dessas mudanças, não fosse esse pensador ter buscado, na tradição mesma, conceitos repletos de negação da própria realidade. Como mencionado no capítulo anterior, Marx incorporou tais conceitos às suas reflexões, quando inverteu a hierarquia tradicional entre pensamento (teoria) e ação (práxis), gesto que o impediu de considerar aspectos relevantes da realidade e o induziu a importantes contradições, como se verá.

Ainda que o fundamento das objeções de Arendt a Marx encontre-se na origem da tradição, a crítica propriamente dita, elaborada por Arendt, diz respeito à interpretação que Marx fez da sociedade moderna. Esse é o motivo pelo qual o estudo da crítica de Arendt a Marx não pode ser realizado longe das ideias e da realidade modernas, às quais pertence o pensamento de Marx.

Nesse sentido, é oportuno ressaltar, aqui, a distinção que Arendt faz entre "era moderna" e "mundo moderno". Para ela, a era moderna tem início com "as Ciências Naturais no século XVII, atinge seu clímax político nas revoluções do século XVIII e desenrola suas implicações gerais após a Revolução Industrial do século XIX", de tal forma que o seu término encontra-se no limiar no século XX; o mundo moderno, por sua vez, tem lugar no século XX e "veio à existência através da cadeia de catástrofes deflagrada pela Primeira Guerra Mundial"; politicamente, o mundo moderno tem início com as explosões atômicas[1].

Embora Arendt não tenha realizado, em quaisquer de suas obras, um estudo específico sobre o pensamento moderno, com o objetivo de situar as ideias de Marx dentro da filosofia moderna, é possível encontrar, dispersas em sua obra, algumas das principais ideias que referenciaram o seu pensamento no sentido de uma tal

---

1. H. Arendt, "A Tradição e a Época Moderna", p. 54.

a crítica de hannah arendt a karl marx

localização. Vale a pena destacar, com base nessas ideias, algumas das referências que ela fez a Descartes e a Hegel, pois não apenas a rebelião de Marx foi antecedida pela recusa cartesiana das verdades tradicionais e pelo desafio de Hegel à autoridade da tradição, como a rebelião de Marx contra a tradição é, segundo Arendt, uma insurreição contra as aptidões humanas que haviam sido enaltecidas desde a origem da tradição até Hegel.

Ainda que Descartes tenha virado as costas para o pensamento tradicional, Hegel foi o primeiro, antes de Marx, a desafiar a tradição. Esse desafio, no entanto, nada tem em comum com a rebelião promovida por Marx. Para Arendt, o propósito de Hegel não era o de repudiar as abstrações da tradição, e, sim, o de desautorizar as diversas tendências de pensamento presentes na tradição, para fundar uma nova autoridade. Ele assentou essa nova autoridade na conexão unilinear e coerente das diferentes tendências de pensamento, que ganharam, assim, um novo sentido enquanto componentes de um todo organizado. Com esse empreendimento Hegel procurou substituir, pelo fio da continuidade histórica, o fio da tradição, que, depois de séculos de reinado incontesto, encontrava-se, então, com a credibilidade abalada.

O fio da continuidade histórica foi o primeiro substituto para a tradição; por seu intermédio, a avassaladora massa dos valores mais divergentes, dos mais contraditórios pensamentos e das mais conflitantes autoridades, todos os quais haviam sido, de algum modo, capazes de funcionar conjuntamente, foram reduzidos a um desenvolvimento unilinear e dialeticamente coerente, na verdade, não para repudiar a tradição como tal, mas a autoridade de todas as tradições[2].

2. *Idem*, p. 55.

77

Se a origem da tradição de pensamento ocidental encontra-se, como se viu, na Grécia Antiga, foram os romanos que a investiram de autoridade. É que, para os romanos, desde o início da República até o fim do Império, a ideia de fundação era sagrada. A autoridade originava-se do passado, e este, tornava-se o próprio princípio da força coerciva da autoridade sobre o presente[3]. Diferentemente do que ocorria na Grécia Antiga, era no próprio contexto político que as ideias e os pensamentos, em Roma, conquistavam a sua autoridade. Mas o fato "é que os romanos sentiam necessidade de pais fundadores e de exemplos autoritários também em matéria de pensamento e de ideias. [...] Os grandes autores gregos tornaram-se autoridades nas mãos dos romanos e não dos gregos"[4]. Foi assim que a origem da tradição de pensamento ocidental acabou esquecida.

Assim como o caráter derivativo da aplicabilidade das ideias à Política não impediu que o pensamento platônico se tornasse a origem da teoria política ocidental, assim também o caráter derivativo da autoridade e da tradição em assuntos espirituais não constituiu óbice a que elas se tornassem os traços prevalentes no pensamento filosófico ocidental durante a maior parte de nossa história. Em ambos os casos, a origem política e as experiências políticas subjacentes às teorias foram esquecidas, tanto o conflito original entre Política e Filosofia entre o cidadão e o filósofo como a experiência de fundação na qual tivera lídima origem a tríade romana de religião, autoridade e tradição[5].

---

3. O conceito de autoridade é de origem romana, "a palavra *auctoritas* é derivada do verbo *augere*, 'aumentar' e aquilo que a autoridade ou os de posse dela constantemente aumentam é a fundação". H. Arendt, "O que É Autoridade?", *Entre o Passado e o Futuro*, p. 163.
4. *Idem*, p. 167.
5. *Idem, ibidem.*

a crítica de hannah arendt a karl marx

Com a queda do Império Romano, a Igreja, através de Agostinho, não apenas articulou a experiência romana à Filosofia Grega, como incorporou esta última às suas crenças e doutrinas e "amalgamou o conceito político romano de autoridade, que era inevitavelmente baseado em um início, à noção grega de medidas e regras transcendentes"[6]. Em que pese a importância dessa incorporação para o estabelecimento, pela Igreja, de padrões gerais e transcendentes para guiar a moral e o juízo individuais, importa ressaltar, no momento, que a tradição e o espírito romano foram, assim, preservados, repetindo-se mais uma vez "o milagre da permanência, pois, dentro do quadro de nossa história, a durabilidade e continuidade da Igreja como instituição pública só possui termo de comparação com o milênio de história romana na Antiguidade"[7].

A tradição de pensamento ganhou, assim, além de permanência, foros de passado, seguindo incólume através da Antiguidade e da Idade Média, até o momento em que, com o advento da Ciência moderna, começou a cair em desgraça. Para Arendt, foram as repercussões da comprovação telescópica, por Galileu, de que é a Terra que gira em torno do Sol e não o contrário, como os sentidos humanos fazem o homem acreditar, que, em primeiro lugar, atingiram a tradição de pensamento ocidental.

Uma das mais importantes repercussões desse evento foi a desconfiança que se abateu sobre os sentidos humanos, enquanto meios capazes de revelar a verdade, e, ao mesmo tempo, a credibilidade que ganharam os artefatos construídos pelo homem, enquanto instrumentos adequados para fazer a verdade aparecer.

6. *Idem*, p. 170.
7. *Idem*, p. 169.

79

O feito de Galileu estabeleceu a confiança naquilo que o homem *faz* e a desconfiança naquilo que o homem *observa*, de tal modo que se esse evento teve um desdobramento aniquilador para a contemplação que dependia dos sentidos humanos – da observação – para atingir as verdades eternas, ele teve, também, como repercussão, a promoção do *homo faber* a uma posição nunca atingida até então.

O resultado mais imediato do uso do telescópio por Galileu foi o fim da contemplação enquanto modo de vida do filósofo. Da *vita contemplativa* salvou-se, apenas, o pensamento, uma atividade que era exercida pelos filósofos, anteriormente, como um simples meio de alcançar a quietude e, através dela, a verdade eterna, pois a "inatividade interior [do pensamento] é completamente diferente da passividade, a completa quietude na qual a verdade finalmente se revela ao homem"[8].

A *vita contemplativa* foi abolida e esse foi o motivo pelo qual a inversão entre pensar e fazer, ocorrida na própria realidade, já não pôde mais corresponder à inversão entre *vita activa* e *vita contemplativa*. A atividade de pensar passou a ser a serva da ação – da ação entendida como o agir do *homo faber*: o fazer. Com essa inversão, foi "promovido o *homo faber*, o fazedor e fabricante, e não o homem de ação ou o homem como *animal laborans*, à posição mais alta entre às potencialidades humanas"[9], configurando-se a mentalidade que perdurou durante toda a era moderna – aquela fundada nos valores do *homo faber*.

---

8. H. Arendt, *A Condição Humana*, p. 304.
9. *Idem*, p. 318.

a crítica de hannah arendt a karl marx

E, realmente, entre as principais características da era moderna, desde o seu início até o nosso tempo, encontramos as atitudes típicas do *homo faber*: a "instrumentalização" do mundo, a confiança nas ferramentas e na produtividade do fazedor de objetos artificiais; a confiança no caráter global da categoria de meios e fins e a convicção de que qualquer assunto pode ser resolvido e qualquer motivação humana reduzida ao princípio da utilidade; a soberania que vê todas as coisas dadas como matéria-prima e toda a natureza como "um imenso tecido do qual podemos cortar qualquer pedaço e tornar a coser como quisermos", o equacionamento da inteligência com a engenhosidade, ou seja, o desprezo por qualquer pensamento que não possa ser considerado como "primeiro passo... para a fabricação de objetos artificiais, principalmente de instrumentos para fabricar outros instrumentos e permitir a infinita variedade de sua fabricação"; e, finalmente, o modo natural de identificar a fabricação com a ação[10].

Entre as manifestações da submissão do pensamento à ação encontra-se a própria subordinação da filosofia moderna à ciência moderna: na era moderna, a filosofia passou a fundar suas reflexões nas descobertas dos cientistas. Descartes, considerado "o pai da filosofia moderna", foi quem primeiro seguiu os passos da ciência, ao fundar a sua filosofia nos resultados da experimentação de Galileu, um seu contemporâneo.

Mas, se a contemplação foi abolida e se o pensamento tornou-se um servo da ação, isso aconteceu na própria realidade e não no âmbito dos sistemas filosóficos. A sujeição do pensamento à ação, que está em foco, não corresponde a uma inversão da hierarquia inaugurada pelos filósofos socráticos – hierarquia que, como foi visto no capítulo

---

10. *Idem, ibidem*. As citações que Arendt faz no presente trecho pertencem à obra: H. Bergson, *Evolution créatice*.

anterior, era a construção de um pensamento sem quaisquer vínculos com a realidade, exceto, naturalmente, o vínculo de negação da realidade. Embora a filosofia tenha sofrido com a promoção da ação "a uma dignidade completamente inesperada e sem precedentes", esse acontecimento não coincidiu com o rude golpe que a tradição de pensamento sofreu na era moderna, o que ocorreu, como não poderia deixar de ser, no âmbito mesmo da filosofia, ainda que esse golpe tenha sido um desdobramento daquele mesmo evento que, na esfera dos negócios humanos, aboliu a contemplação e colocou o pensamento sob o jugo da ação: o uso do telescópio por Galileu.

Foi dentro da própria filosofia que a experimentação de Galileu teve um desdobramento imediato. Para Arendt, a dúvida cartesiana foi "logicamente a mais plausível, e cronologicamente a mais imediata consequência da descoberta de Galileu"[11].

O que os levou ao novo conhecimento não foi a contemplação, nem a observação, nem a especulação, mas a entrada em cena do *homo faber*, da atividade de fazer e de fabricar. Em outras palavras, o homem fora enganado somente enquanto acreditava que a realidade e a verdade se revelariam aos seus sentidos e à sua razão, bastando para tanto que ele permanecesse fiel ao que via com os olhos do corpo e da mente. A antiga oposição entre a verdade sensual e a verdade racional, entre a capacidade inferior dos sentidos e a capacidade superior da razão no tocante à apreensão da verdade, perdeu sua importância ao lado desse desafio, ao lado da óbvia implicação de que a verdade e a realidade não são dadas, que nem uma nem outra se apresenta como é, e que somente na interferência com a aparência, na eliminação das aparências, pode haver esperança de atingir-se o verdadeiro conhecimento[12].

11. *Idem*, p. 300.
12. *Idem*, p. 286.

a crítica de hannah arendt a karl marx

A filosofia moderna descobriu, a partir do experimento de Galileu, que Ser e Aparência, ao contrário do que os filósofos supunham até então, encontravam-se separados, deixando de ser possível aceitar, assim, o antigo pressuposto de que a verdade podia revelar-se por si mesma – um pressuposto que esteve presente não apenas na filosofia secular, mas também na filosofia cristã e nas crenças da Antiguidade pagã e hebraica. Esse foi o motivo pelo qual a dúvida cartesiana transformou-se numa rejeição à tradição de pensamento ocidental, numa recusa que se manifestou "com tamanha veemência – na verdade com uma violência que se avizinhava do ódio", que acabou por obstar a continuidade da restauração e da redescoberta da Antiguidade pela Renascença. Em mais de uma obra, Arendt alertou para o perigo de se jogar fora, juntamente com a tradição, o próprio passado, "pois tradição e passado não são a mesma coisa"[13].

A separação entre Ser e Aparência é apenas uma forma de traduzir as repercussões da experiência de Galileu dentro da filosofia moderna. Esse evento representou "um golpe [...] contra a confiança humana no mundo e no universo"[14], resultantes de "dois pesadelos": o pesadelo da inexistência da realidade, já que não era mais possível recorrer aos sentidos ou ao senso comum ou à razão para apreendê-la, e o pesadelo da possível existência de um mau espírito, um *Dieu trompeur*, o único capaz de responder por um mundo no qual o homem, "um ser dotado de noção da verdade, [...] jamais será capaz de estar certo de coisa alguma"[15].

13. H. Arendt, "O que É Autoridade?", p. 130.
14. H. Arendt, *A Condição Humana*, p. 289.
15. *Idem*, p. 290.

A dúvida cartesiana deu, assim, uma resposta a esses desesperos ao afirmar que, "embora a nossa mente não seja a medida das coisas e da verdade, deve certamente ser a medida do que afirmamos ou negamos"[16], de tal modo que os processos que têm lugar na mente do homem, uma vez analisados em si mesmos, através da introspecção, são dotados de certeza própria, independentemente do que se passa na realidade. Porque o pressuposto do pensamento cartesiano é o de que a mente só conhece o que ela mesma produz, a verdade cartesiana é uma fabricação da mente.

Qualquer que seja a forma pela qual a realidade e a verdade se apresentem aos sentidos e à razão, "ninguém pode duvidar de sua dúvida e estar incerto quanto a se duvida ou não". O famoso *cogito ergo sum* ("penso logo existo") não resultava, para Descartes, de alguma autoconfiança do pensamento *per se* – pois, se assim fosse, o pensamento teria adquirido nova dignidade e importância para o homem –, mas era simples generalização de um *dubito ergo sum*. Em outras palavras, da mera certeza lógica de que, ao duvidar de algo, o homem toma conhecimento de um processo de dúvida em sua consciência[17].

Assim, se o filósofo socrático havia dado as costas ao mundo da contingência, voltando-se para o mundo das verdades eternas, agora, observa Arendt, o filósofo moderno "volta as costas a ambos e se recolhe dentro de si mesmo"[18]. E mais, se os filósofos socráticos haviam se afastado da pluralidade humana e do senso

16. Carta de Descartes a Henry More, citada por Koyré, em *A Condição Humana*, p. 291.
17. H. Arendt, *A Condição Humana*, p. 292. Nesse trecho, Arendt faz citações da obra: R. Descartes, *La Recherche de la verité par la lumière naturelle*.
18. *Idem*, p. 306.

comum que estabelece a realidade do mundo comum, a dúvida cartesiana instaurou um senso comum inusitado: o que passou a ser chamado de senso comum não estava relacionado ao mundo comum, mas, sim, à faculdade de raciocínio, que é comum a todos os homens[19].

Trata-se do jogo da mente consigo mesma, jogo este que ocorre quando a mente se fecha contra toda realidade e "sente" somente a si própria. Os resultados desse jogo são "verdades" convincentes porque, supostamente, a estrutura mental de um homem não difere mais da de outro que a forma do seu corpo[20].

É por isso que, para Arendt, a definição do homem como *animal rationale* é, no âmbito da filosofia moderna, a mais adequada; despojado do senso comum, através do qual "os cinco sentidos animais do homem se ajustam a um mundo comum a todos os homens, os seres humanos não passam realmente de animais capazes de raciocinar, de 'prever consequências'"[21].

A dúvida cartesiana esteve presente no coração das filosofias políticas que surgiram no início do século XVII e que carrearam esforços no sentido de transferir para o mundo dos negócios humanos o resultado de suas introspecções. O intento desta filosofia política moderna fracassou, todavia, pelo simples motivo de que "por sua própria natureza, [ela] não podia compreender e nem mesmo acreditar na realidade"[22].

19. *Idem*, p. 296.
20. *Idem, ibidem.*
21. *Idem*, p. 297.
22. *Idem*, p. 313.

hannah arendt e karl marx: o mundo do trabalho

A filosofia política da era moderna, cujo maior representante é ainda Hobbes, tropeça na perplexidade de que o moderno racionalismo é irreal e o realismo moderno é irracional – o que é apenas outra maneira de dizer que a realidade e a razão humana se divorciaram. O gigantesco empreendimento de Hegel – de reconciliar o espírito com a realidade, [...] reconciliação que é a mais profunda preocupação de todas as modernas teorias da história – baseou-se na percepção de que a razão moderna soçobrava nos escolhos da realidade[23].

Com o seu empreendimento, Hegel pretendia tirar o homem do "desabrigo espiritual cartesiano", promovendo a superação da cisão entre conhecimento e realidade, criada por Descartes. Fez isso através da inauguração de uma nova concepção de história, fundada num conceito de processo que era capaz de autodesenvolver-se, através da dialética, e de permitir a manifestação do Espírito Absoluto, que é, para Arendt, a ideia revolucionária de Hegel.

Para Hegel, a Revolução Francesa havia sido um dos mais importantes acontecimentos da História; pelo seu caráter de "ponto de mutação" era capaz de abrir novas perspectivas para o futuro. A essa maneira de ver um evento histórico segue-se, no entanto, como nota Arendt, a questão que pergunta sobre o sujeito da história. Para Hegel, os agentes, aqueles que haviam participado da Revolução Francesa, não tinham o controle sobre o desenrolar dos acontecimentos, de modo que o sentido da história deveria ser dado por "algo além daquilo que os homens pretendiam alcançar [...] algo mais do que eles sabem ou querem"[24].

---

23. *Idem, ibidem.*
24. G. F. W. Hegel, *Raison in History*, em Arendt, *Lições sobre a Filosofia Política de Kant*, p. 74.

a crítica de hannah arendt a karl marx

Esse "algo" era, para Hegel, o Espírito Absoluto, capaz de revelar-se no processo histórico e de ser apreendido, pelo filósofo, através da contemplação retrospectiva do processo. Quando a História chegasse ao seu final, com a revelação, de uma vez para sempre, do Espírito Absoluto, o filósofo teria atingido, finalmente, a compreensão do processo como um todo. Essa ideia, a de que a História deverá consumar-se um dia, leva, como observa Arendt, a outra questão: "o que acontecerá, se algo acontece, depois que esse fim se consuma?"[25]

> Em Hegel [...] a revelação do Espírito Absoluto deve chegar a um final (a história tem um fim para Hegel; o processo não é infinito e assim há um fim para a história [*story*] que, no entanto irá precisar de muitas gerações e muitos séculos para advir); não o homem, mas o Espírito Absoluto é finalmente revelado, e a grandeza do homem é realizada apenas na medida em que ele finalmente está apto a compreender[26].

Se, para a tradição de pensamento, o mundo dos negócios políticos não era o lugar da verdade e se, para a filosofia moderna, a ideia central era a de que o homem só pode conhecer aquilo que ele mesmo faz, Hegel pôde reunir filosofia e política e pensamento e ação, no processo histórico, e, ao mesmo tempo, dar uma resposta positiva tanto para a tradição quanto para a filosofia moderna:

> [...] as ações individuais permanecem, como antes, privadas de sentido, mas o processo como um todo revela uma verdade que transcende a esfera dos assuntos humanos – [uma solução que] revelou-se muito engenhosa,

---

25. H. Arendt, *Lições sobre a Filosofia Política de Kant*, p. 74.
26. *Idem, ibidem.*

hannah arendt e karl marx: o mundo do trabalho

porque abriu caminho para levar a sério os acontecimentos histórico-
-políticos sem abandonar o conceito tradicional de verdade[27].

Além disso, Hegel manteve o privilégio dos filósofos, enquanto
únicos seres capazes do acesso à verdade.

Na filosofia de Hegel, a verdade revela-se, portanto, no processo
histórico e é concebida como verdade absoluta, no sentido de que,
embora ela não seja a mesma para todas as épocas, tem validade para
todos os homens. Assim, ainda que a filosofia da história de Hegel
permitisse ao filósofo buscar um significado para o que acontece
na esfera política, esse significado era apreendido enquanto verdade
absoluta e, como tal, "tinha de referir-se ao homem *qua* homem,
o qual, como uma realidade terrena, tangível, não existia em lugar
algum"[28]. Arendt chama a atenção para o fato de que Hegel transpôs
para o mundo dos negócios humanos a ideia do Absoluto que, no
pensamento tradicional, revelava-se aos filósofos apenas nos domí-
nios da *vita contemplativa*.

A ideia verdadeiramente revolucionária de Hegel foi a de que o antigo
Absoluto dos filósofos revelara-se no domínio dos assuntos humanos, isto é,
precisamente naquele domínio das experiências humanas que os filósofos haviam unanimemente excluído como fonte ou origem de padrões absolutos[29].

Se Hegel dotou a esfera dos negócios humanos de dignidade
– um acontecimento inusitado dentro da filosofia, até então –, a

27. H. Arendt, "O Interesse pela Política no Recente Pensamento Filosófico Europeu",
  A Dignidade da Política, p. 75.
28. *Da Revolução*, p. 43.
29. *Idem*, p. 41.

a crítica de hannah arendt a karl marx

preocupação de Hegel com as experiências humanas era, como nota Arendt, puramente teórica, no sentido antigo do termo teoria – no sentido da contemplação –, de modo que, através da "visão retrospectiva do pensamento, tudo o que tinha sido político – atos, palavras e acontecimentos – tornava-se histórico"[30]. Na condição de espectadores dos acontecimentos históricos, os filósofos permaneciam afastados do mundo dos negócios humanos.

A falácia dessa nova e tipicamente moderna filosofia é relativamente simples. Consiste ela em descrever e compreender todo o domínio da ação humana não em termos do ator e do agente, mas do ponto de vista do espectador que assiste a um espetáculo[31].

Assim, se a junção entre filosofia e política e entre pensamento e ação, na filosofia da História de Hegel, permitiu que o filósofo voltasse o seu olhar para o mundo dos negócios humanos, isso não significa que essa disposição tenha levado o filósofo para a praça pública, abandonada há mais de dois mil anos pelos filósofos socráticos; pelo contrário, a filosofia da História foi utilizada como um subterfúgio para o filósofo manter-se afastado do mundo dos negócios humanos: os filósofos modernos, adeptos da filosofia hegeliana, tendiam a falar de história quando eram "confrontados com a tarefa da filosofia política, [...] a última de uma longa série de tentativas de se furtar à questão"[32].

A conexão puramente teórica entre pensamento e ação explica, segundo Arendt, porque "o que veio após Hegel ou era derivativo,

30. *Idem,* p. 42.
31. *Idem, ibidem.*
32. H. Arendt, "O Interesse pela Política no Recente Pensamento Filosófico Europeu", p. 75.

89

hannah arendt e karl marx: o mundo do trabalho

ou era uma rebelião dos filósofos contra a filosofia em geral – rebelião contra essa identidade [entre ser e pensamento] ou o questionamento dela"[33], que desde Parmênides, nenhum filósofo havia ousado duvidar.

O desenvolvimento da filosofia na Antiguidade tardia, nas várias escolas que se combatiam com um fanatismo sem igual no mundo pré-cristão, consiste em reviravoltas e mudanças de ênfase entre dois termos opostos, possibilitadas pela separação platônica de um mundo de mera sombria aparência do mundo de ideias eternamente verdadeiras. Ele próprio dera o primeiro exemplo ao voltar-se da caverna para o céu. Quando Hegel, finalmente, em um derradeiro e gigantesco esforço, reuniu em um todo coerente e em autodesenvolvimento as diversas tendências da Filosofia tradicional, tais como se haviam desenvolvido a partir do conceito original de Platão, a mesma cisão em duas escolas conflitantes de pensamento, embora em nível muito inferior, ocorreu: hegelianos de direita e de esquerda, idealistas e materialista, puderam, durante certo tempo, dominar o cenário filosófico[34].

Ainda que a inversão do sistema hegeliano, por Marx, coincida com a rebelião de Marx contra a tradição, uma tal inversão não colocou, na maneira de ver de Arendt, o sistema hegeliano quer de cabeça para baixo quer de cabeça para cima, como queria Marx[35]. É

---

33. H. Arendt, "O que É a Filosofia da *Existenz*", p. 16.
34. H. Arendt, "A Tradição e a Época Moderna", p. 65.
35. Arendt refere-se à afirmação que o próprio Marx fez: "A mistificação por vezes que passa a dialética nas mãos de Hegel não o impediu de ser o primeiro a apresentar suas formas gerais de movimento, de maneira ampla e consciente. Em Hegel, a dialética está de cabeça para baixo. É necessário pô-la de cabeça para cima, a fim de descobrir a substância racional dentro do invólucro místico" (K. Marx, *O Capital*, Livro I, vol. 1, Rio de Janeiro, Civilização Brasileira, 1980, p. 17). (Prefácio da 2ª edição, escrito em janeiro de 1873.)

a crítica de hannah arendt a karl marx

que, para Hegel, a dialética era a lei do movimento do pensamento e do movimento da matéria, de forma que, enquanto movimentos coincidentes, era indiferente que este fosse acionado pelo espírito ou pela matéria.

A rebelião de Marx não se reduz, para Arendt, a uma inversão entre materialismo e idealismo: "se Marx houvesse sido simplesmente um 'materialista' que trouxe o 'idealismo' de Hegel até o chão, sua influência teria sido tão efêmera e tão adstrita a discussões acadêmicas quanto a de seus contemporâneos"[36]. Para ela, a importância da inversão promovida por Marx, entre pensamento e ação e entre filosofia e política, se deve à insurreição deste contra a tradição, enquanto recusa à admissão de que

[...] a diferença entre a vida humana e a animal seja a *ratio*, ou pensamento; que o homem, nas palavras de Hegel, seja "essencialmente espírito". Para o jovem Marx, o homem é essencialmente um ser natural dotado da faculdade da ação, [...] e sua ação permanece "natural" porque ela consiste no trabalhar – o metabolismo entre o homem e a natureza[37].

O que esse pensador questiona, segundo Arendt, é a hierarquia das aptidões humanas: "Marx confirma que a humanidade do homem consiste em sua força ativa e produtiva, que em seus aspectos mais elementares chama de força de trabalho"[38].

A nova hierarquia das aptidões humanas, estabelecida por Marx, está no coração da crítica de Arendt a Marx, já que essa hierarquia revela não apenas a rebelião desse pensador contra a tradição e a

36. H. Arendt, "A Tradição e a Época Moderna", p. 66.
37. *Idem*, p. 67.
38. *Idem*, p. 63.

sua vinculação com a mesma, mas a percepção de Marx a respeito da natureza da sociedade moderna. Este capítulo divide a crítica de Arendt a Marx em três seções, como forma de tornar mais clara a exposição da mesma. Na primeira seção, a crítica de Arendt à interpretação marxista da natureza da sociedade moderna é contraposta à perspectiva arendtiana dessa mesma sociedade; na segunda seção, a Filosofia Política propriamente dita de Marx divide espaço com a concepção arendtiana de ação. A última seção estuda a crítica de Arendt à utopia marxista.

A NATUREZA DA SOCIEDADE MODERNA: O LABOR COMO TRABALHO

A inversão da hierarquia tradicional levou Marx a fundar suas interpretações nas atividades componentes da *vita activa,* conforme estas haviam sido legadas pela tradição. E foi como um todo indistinto que a *vita activa* alcançou o pensamento moderno, de modo que quando Marx recebeu essa herança tradicional, o conceito de ação, contraposto ao pensamento e não mais à *vita contemplativa*, que havia sido abolida no início da era moderna, referia-se, então, ao agir no mundo dos negócios humanos – ao fazer em geral –, um conceito que ocultava, dessa maneira, a antiga distinção entre labor, trabalho e ação.

Por considerar que a mais importante forma de ação (fazer) exercida pelo homem era o "trabalho" e por não distinguir entre trabalho e labor, as diferentes aptidões humanas correspondentes às atividades da ação, do trabalho e do labor não se constituíram em problema para Marx. Esse foi o motivo pelo qual ele aceitou, sem questionar, a crença da sociedade moderna no "trabalho" como a

a crítica de hannah arendt a karl marx

atividade mais elevada que o homem pode realizar, bem como na capacidade produtiva, como a mais alta aptidão humana – aquela capaz de diferenciar os homens dos animais[39].

A noção aparentemente blasfema de Marx de que o trabalho (e não Deus) criou o homem, ou de que o trabalho (e não a razão) distingue o homem dos outros animais, era apenas a formulação mais radical e coerente de algo com que toda a era moderna concordava[40].

O que Marx chama de "trabalho", porém, é, para Arendt, labor. Para ela, a produção na sociedade moderna está assentada no "trabalho" não qualificado, uma característica do labor. Com a passagem da produção artesanal para a produção manufatureira e, desta, para a produção mecanizada e automatizada, alteraram-se, segundo Arendt, não somente a quantidade dos produtos fabricados, mas também a natureza do processo de produção e dos bens produzidos.

Arendt observa que, embora a produção manufatureira ainda estivesse assentada nos valores do *homo faber*, o processo de produção sofreu, nessa época, uma profunda transformação, com a introdução da divisão do "trabalho" no processo produtivo. O "trabalho" não qualificado tornou-se o fundamento da produção, de modo que se a manufatura permanecia, ainda, assentada na atividade do *homo faber,* era, unicamente, porque a produção se mantinha voltada para a fabricação de objetos capazes de constituir a durabilidade do mundo.

---

39. Arendt observa que o eqüacionamento entre trabalho e labor já encontrava-se presente nas obras de Locke e de A. Smith.
40. H. Arendt, *A Condição Humana*, p. 96.

hannah arendt e karl marx: o mundo do trabalho

A sociedade comercial – ou o capitalismo em seus primeiros estágios, quando ainda possuía espírito ardentemente competitivo e aquisitivo – é ainda regulada pelos critérios do *homo faber*. Quando o *homo faber* deixa o isolamento, surge como mercador ou negociante, e como tal estabelece o mercado de trocas. Este mercado deve existir antes do surgimento de uma classe manufatureira que, então, produz exclusivamente para o mercado, isto é, produz objetos de troca e não coisas para o uso. Neste processo, a partir do artesanato isolado para a manufatura destinada ao mercado de trocas, a qualidade do produto final muda um pouco, embora não inteiramente. A durabilidade, único critério que determina se algo pode existir como coisa e perdurar no mundo como entidade distinta, continua a ser o critério supremo, apesar de já não se produzirem coisas adequadas ao uso, e sim adequadas a ser "armazenadas de antemão" para troca futura[41].

Distintamente da cooperação, que era guiada pelas características do produto a ser fabricado e que se encontrava firmada na organização de diferentes especializações, a manufatura "pressupõe a equivalência qualitativa de todas as atividades isoladas para as quais nenhuma qualificação é necessária"[42]. Essa última característica, nota Arendt, permaneceu como o principal fundamento da produção moderna, uma vez que a mecanização e a automação, que promoveram a rapidez do processo produtivo, estiveram assentadas, também, nesse princípio básico do labor: a ausência de quaisquer qualificações para a sua realização. "A produção em massa seria [...] completamente impossível sem a substituição de trabalhadores e da especialização por operários e pela divisão do labor"[43].

41. *Idem*, p. 176.
42. *Idem*, p. 135.
43. *Idem*, p. 137.

a crítica de hannah arendt a karl marx

É a partir da Revolução Industrial, todavia, que o processo produtivo volta-se para a produção de bens de consumo, assim considerados, por Arendt, pela rápida permanência, dos mesmos no mundo e pela vinculação destes com a recorrência do processo do labor – o encadeamento entre produção e consumo. Com a grande indústria, os produtos perderam a sua antiga durabilidade e juntaram-se ao rol dos bens de consumo, e isso se deu, nota Arendt, com a aceleração das taxas de uso dos produtos, de modo que o processo de produção tornou-se efetivamente, então, processo de labor. Das antigas características da atividade do trabalho restou, apenas, a projeção do modelo que guia a produção – um modelo reproduzido, agora, muitas vezes.

Embora as máquinas nos tenham levado a um ritmo infinitamente mais rápido de repetição que aquele prescrito pelo ciclo dos processos naturais – e é bem possível que esta aceleração especificamente moderna nos faça ignorar o caráter repetitivo de todo labor –, a repetição e a interminabilidade do próprio processo imprimem-lhe a marca inconfundível do labor. Isto se torna ainda mais evidente nos objetos de uso produzidos por essas técnicas de trabalho. Sua mera abundância os transforma em bens de consumo. A interminabilidade da produção só pode ser garantida se os seus produtos perderem o caráter de objetos de uso e se tornarem cada vez mais objetos de consumo ou, em outras palavras, se a taxa de uso for acelerada a tal ponto que a diferença objetiva entre uso e o rápido surgimento e desaparecimento dos bens de consumo for reduzida até se tornar insignificante[44].

Diferentemente, portanto, da atividade do trabalho, fundada num processo que tem início e fim determinados e que se realiza assentada

44. *Idem, ibidem.*

na qualificação e nos dons do artífice, com o objetivo de produzir um objeto de uso ou de arte, destinado a compor a durabilidade do mundo, a produção moderna está assentada na recorrência de um processo produtivo que, sem começo e sem fim determinados, nada deixa atrás de si e se realiza através da capacidade que todo o homem possui como participante do ciclo de sobrevivência e de reprodução da espécie.

A percepção de que a produção capitalista assenta-se nas características do labor não escapou a Marx. Para Arendt, o próprio uso da expressão "trabalho não qualificado" é uma contradição e o seu uso "como principal sistema de referência já indica que a distinção entre trabalho e labor foi abandonada em favor do labor"[45]. Outra evidência, observa Arendt, é a identificação, por esse pensador, da força de "trabalho" como o fundamento da produtividade, que é, "como Engels observou corretamente [...] o elemento mais original e revolucionário de todo o seu sistema"[46]. O que Marx chamou de força de trabalho é, para Arendt, força do labor: a força que todo o homem possui por pertencer à espécie humana – uma capacidade que não exige quaisquer qualificações especiais.

A produtividade resultante da força do labor não é, no entanto, um fenômeno típico da era moderna: existiu em todas as épocas e sempre resultou da capacidade que tem cada membro da espécie de suprir a sobrevivência daqueles que não se encontram em condições de prover o seu próprio sustento.

Ao contrário da produtividade do trabalho, que acrescenta novos objetos ao artifício humano, a produtividade do labor só ocasionalmente

45. *Idem*, p. 100.
46. *Idem*, p. 98.

a crítica de hannah arendt a karl marx

produz objetos; sua preocupação fundamental são os meios da própria reprodução; e, como a sua força não se extingue quando a própria reprodução já está assegurada, pode ser utilizada para a reprodução de mais de um processo vital, mas nunca "produz" outra coisa senão "vida". Mediante violenta opressão numa sociedade de escravos, ou mediante a exploração na sociedade capitalista da época de Marx, pode ser canalizada de tal forma que o labor de alguns é bastante para a vida de todos[47].

Porque "produz vida" e porque pode, além de ser dividida, ser, também, substituída, sem provocar a interrupção do processo produtivo é que essa força é a força do labor e não a força do trabalho: ela "indica a unidade da espécie, em relação à qual cada membro individual é igual e intercambiável", bem como "corresponde exatamente à imortalidade da espécie, cujo processo vital como um todo também não é interrompido pelo nascimento e pela morte dos seus membros individuais"[48].

A constatação de que as características do labor não passaram despercebidas a Marx pode ser verificada, também, por meio da definição de "trabalho", presente na obra deste pensador. Para ele, o "trabalho" é "'o metabolismo do homem com a natureza' e em cujo processo 'o material da natureza (é) adaptado, por uma mudança de forma, às necessidades do homem'"[49]; Marx refere-se, aqui, portanto, ao labor. Entretanto, quando esse pensador enaltece o "trabalho" como a mais elevada capacidade do homem – aquela responsável pela produtividade –, ele refere-se não mais ao labor, que é, como nota Arendt, "a mais natural e a menos mundana das atividades"

47. *Idem*, p. 98.
48. *Idem*, p. 136.
49. *Idem*, p. 110.

realizadas pelo homem, mas ao trabalho do *homo faber*. Assim, quando Marx enaltece o "trabalho" e a produtividade, refere-se ao *homo faber*, mas quando define o "trabalho" e a produtividade, ele fala do *animal laborans*.

A era moderna em geral e Karl Marx em particular, fascinados, por assim dizer, pela produtividade real e sem precedentes da humanidade ocidental, tendiam quase irresistivelmente a encarar todo o labor como trabalho e a falar do *animal laborans* em termos muito mais adequados ao *homo faber*, como a esperar que restasse apenas um passo para eliminar totalmente o labor e a necessidade[50].

A definição de trabalho produtivo e improdutivo permite confirmar, também, a confusão entre trabalho e labor presente no pensamento de Marx – uma definição que já se encontrava na obra de A. Smith. Ainda que os conceitos de trabalho produtivo e improdutivo sejam aqueles que mais se aproximam, segundo Arendt, da distinção entre trabalho e labor, por estabelecerem como diferença, entre um tipo de "trabalho" e outro, a capacidade que têm essas duas atividades de deixarem ou não algo atrás de si, essa mesma definição mostra o preconceito contra o labor, "como se fosse indigno deste nome [do nome 'trabalho'] toda atividade que não enriquecesse o mundo"[51]. Arendt lembra que, em outras épocas, o labor escravo e o labor servil deixaram atrás de si a liberdade dos seus senhores.

---

50. *Idem*, p. 98.
51. *Idem*, p. 97. Arendt observa que "as distinções entre trabalho qualificado e não--qualificado e entre trabalho manual e intelectual não desempenham papel algum na economia política clássica nem na obra de Marx" (*idem*, p. 101).

a crítica de hannah arendt a karl marx

A indistinção entre ação, trabalho e labor acabou fazendo com que Marx elegesse o labor como a mais elevada atividade humana. Ao promover a inversão da hierarquia tradicional entre pensamento (teoria) e ação (*praxis*), por acreditar que a produtividade era oriunda da atividade do *homo faber* e por tratar a ação como o fazer em geral, esse pensador, colocou, inadvertidamente, o labor no topo da hierarquia das atividades e aptidões humanas, elegendo, assim, a capacidade que mais aproxima o homem dos animais como aquela capaz de promover a distinção entre estes[52].

A realização da atividade do labor na esfera pública, um fenômeno inusitado até o advento da era moderna, é, para Arendt, a responsável pela impressionante elevação da produtividade, na era e no mundo modernos. Uma vez sujeito à visibilidade e ao julgamento público, o labor atingiu a excelência na sociedade moderna: a divisão do labor, que só é possível porque o homem "é capaz de

---

52. Para Arendt, "toda a teoria de Marx gira em torno do velho conhecimento de que o trabalhador, antes de mais nada, reproduz sua própria vida ao produzir os meios de subsistência. Em seus primeiros escritos, Marx achava que 'os homens começam a distinguir-se dos animais quando começam a produzir seus meios de subsistência' (Marx – *A Ideologia Alemã*). É este o próprio conteúdo da definição do homem como *animal laborans*. Mais digno de nota ainda é o fato de que, em outros trechos, Marx não se mostra satisfeito com esta definição, que não chega a constituir distinção suficiente entre o homem e os animais. 'A aranha realiza operações que lembram as de um tecelão, e a abelha mostra-se superior a muitos arquitetos na construção de sua colmeia. Mas o que distingue o pior dos arquitetos da melhor das abelhas é que o arquiteto erige sua estrutura na imaginação antes de construí-la na realidade. Ao fim de cada processo de trabalho, temos um resultado que já existia na imaginação do trabalhador desde o começo' (Marx, *O Capital*). É óbvio que Marx aqui já não se referia ao labor, mas ao trabalho – no qual não estava interessado; e a melhor prova disto é que o elemento de 'imaginação', aparentemente tão importante, não desempenha papel algum em sua teoria do trabalho" (*idem*, p. 110).

agir, e de agir na companhia e em acordo com os outros"[53], encontra o seu fundamento na ação.

Uma vez que o próprio princípio organizacional deriva claramente da esfera pública, e não da esfera privada, a divisão do trabalho é precisamente o que sucede à atividade do labor nas condições da esfera pública e que jamais poderia ocorrer na privatividade do lar. Aparentemente, em nenhuma outra esfera da vida atingimos tamanha excelência quanto na revolucionária transformação do labor, ao ponto em que a acepção do próprio termo (que sempre esteve ligado a "fadigas e penas" quase insuportáveis, ao esforço e à dor e, consequentemente, a uma deformação do corpo humano, de sorte que somente a extrema miséria ou pobreza poderiam causá-los) começou a perder o seu significado para nós. Embora a extrema necessidade tornasse o labor indispensável à manutenção da vida, a última coisa a esperar dele seria a excelência[54].

É por realizar-se no espaço público e por fundar-se nas capacidades que estão associadas à atividade da ação, que a recorrência do processo do labor na sociedade moderna tende a acontecer num nível cada vez mais alto de produtividade, distinguindo-se, por esse motivo, da monotonia da recorrência da atividade do labor, quando este se realiza na esfera privada. Para Arendt, a ocupação do espaço público pelo labor desencadeou um crescimento artificial do natural:

[...] o que chamamos de artificial crescimento do natural é visto geralmente como o aumento constante acelerado da produtividade do trabalho (labor). O fato isolado mais importante neste aumento contínuo foi, desde

53. *Idem*, p. 135.
54. *Idem*, p. 57.

a crítica de hannah arendt a karl marx

o início, a organização da atividade do labor, visível na chamada divisão do "trabalho", que precedeu a revolução industrial, e na qual se baseia até mesmo a mecanização dos processos do labor, o segundo fator mais importante na produtividade do "trabalho"[55].

A produtividade moderna não é natural, para Arendt, portanto, porque depende de capacidades humanas que não estão diretamente associadas à sobrevivência e à reprodução da espécie.

Segundo Arendt, Marx, como nenhum outro pensador de sua época, foi quem melhor compreendeu as mudanças ocorridas na era moderna. Voltado para a realidade de seu tempo, ele pode observar e incorporar às suas reflexões as repercussões decorrentes das duas revoluções industriais ocorridas nos séculos XVIII e XIX. Mas porque, além de utilizar os conceitos tradicionais, observou a realidade moderna a partir da perspectiva da sociedade, lugar onde as fronteiras entre o privado e o público tendiam, já no seu tempo, cada vez mais ao desaparecimento, ele não pode diferenciar a produtividade que tem origem na esfera privada daquela que tem lugar no espaço público.

A perspectiva da sociedade adotada por Marx é aquela que considera o processo produtivo como um processo natural, uma perspectiva que acabou fazendo com que ele fundasse a sua teoria "na concepção do trabalho (labor) e da procriação como duas modalidades do mesmo processo fértil da vida. O 'trabalho' (labor) era para ele a 'reprodução da vida do próprio indivíduo', que lhe assegurava a sobrevivência, enquanto a procriação era a produção 'de vida alheia', que assegurava a sobrevivência da espécie"[56]. A ideia de

55. *Idem, ibidem.*
56. *Idem*, p. 118.

produtividade em Marx, portanto, encontra-se equacionada com a ideia da fertilidade natural: "o coerente naturalismo de Marx descobriu a 'força de trabalho' (*labor power*) como modalidade especificamente humana de força vital, tão capaz de criar um 'excedente' quanto o é a própria natureza"[57].

Essa produtividade natural foi enaltecida por Marx, além disso, como proveniente do trabalho do *homo faber*; é que esse pensador não percebeu que a sociedade moderna é o espaço onde reina o *animal laborans*. A atividade e os ideais do *homo faber*, enaltecidos nos primórdios da era moderna, haviam cedido o seu lugar, no limiar do mundo moderno, para a atividade e os ideais do *animal laborans*.

Esta segunda inversão hierárquica dentro da *vita activa* ocorreu de modo mais gradual e menos dramático que a inversão de posições entre a contemplação e a ação em geral ou a inversão entre a ação e a fabricação em particular[58].

A mudança no conceito de processo foi um dos aspectos mais importantes para a transformação dos valores do homem moderno nos valores do *animal laborans*. Se a noção de processo presente nas ciências naturais e na filosofia moderna, bem como no processo de fabricação, esteve, no início da era moderna, assentada na criatividade e nos princípios da atividade do *homo faber*, os processos, agora sem fim e sem começo, acabaram tornando-se a própria finalidade das experiências científicas, do pensamento filosófico e da pro-

57. *Idem*, p. 120.
58. *Idem*, p. 319.

a crítica de hannah arendt a karl marx

dução, representando uma perda dos antigos valores e princípios ligados à atividade do trabalho. Além de reportar-se, agora, a "dois processos sobre-humanos e universais" – os processos da natureza e da história –, o homem moderno viu-se diante da recorrência do processo de produção de bens de consumo, que liquida com a antiga finalidade da fabricação e, assim, com o próprio sentido dessa atividade, que estava assentado, anteriormente, na produção de objetos destinados a compor a durabilidade do mundo.

Como resultado dessas transformações, o princípio da utilidade perdeu o seu lugar para o princípio da felicidade: a produção de objetos úteis e duráveis, excetuando-se aqueles que são úteis à produção – as máquinas e os instrumentos – foi substituída pela produção de coisas destinadas à alegria no consumo e à amenização da dor de produzir – duas funções do labor. Os ideais do *homo faber* foram substituídos pelos ideais do *animal laborans*, de modo que o referencial deixou de ser o homem – que encontra-se no centro do utilitarismo – e passou a ser a vida.

Esta radical perda de valores dentro do limitado sistema de referência do *homo faber* ocorre quase automaticamente assim que ele se define, não como fabricante de objetos e construtor do artifício humano que também inventa instrumentos, mas se considera primordialmente como fazedor de instrumentos e 'especialmente (um fazedor) de instrumentos para fazer instrumentos', que só incidentalmente também produz coisas. Se é possível aplicar neste contexto o princípio da utilidade, deve referir-se basicamente não a objetos de uso, e não ao uso, mas ao processo de produção. Agora, tudo o que ajuda a estimular a produtividade e alivia a dor e o esforço torna-se útil[59].

59. *Idem*, p. 321.

hannah arendt e karl marx: o mundo do trabalho

Assim, se os valores e aptidões do *homo faber* acabaram se tornando secundários, na era moderna, resta por explicar, ainda, nota Arendt, por que o *animal laborans* obteve um sucesso tão espetacular; por que "na diversidade da condição humana, com suas várias capacidades humanas, foi precisamente a vida que invalidou todas as outras considerações"[60].

A valorização da vida, que deu sustentação à elevação da atividade e dos valores do *animal laborans*, no limiar do mundo moderno, foi uma herança deixada pelo cristianismo para a era moderna. Para Arendt, ao elevar a vida humana à condição de imortalidade, o cristianismo elevou a vida individual e rebaixou o mundo comum. Ainda que Arendt considere que a origem da valorização da vida, presente no cristianismo, pertença à herança hebraica, a valorização da vida só passou a ser considerada como um valor máximo quando a imortalidade individual tornou-se o credo da humanidade ocidental, acompanhada da crença de que a vida na Terra é o primeiro passo para a vida eterna[61].

Foi a valorização da vida pelo cristianismo, que acabou consumando a indistinção entre as atividades componentes da *vita activa*, uma vez que uma tal valorização destituiu de importância quaisquer diferenciações. Foi essa valorização da vida pelo cristianismo que acabou emprestando, também, alguma dignidade à atividade do labor, no âmbito da tradição de pensamento, lembrando Arendt, no entanto, que essa dignidade não corresponde à glorificação atingida pelo labor, na era e no mundo modernos[62].

---

60. *Idem*, p. 327.
61. *Idem*, p. 329.
62. No Novo Testamento não está presente a glorificação do labor. "É verdade que dificilmente se encontraria tal convicção, certamente devida à influência da filo-

a crítica de hannah arendt a karl marx

A ênfase colocada pelo cristianismo na inviolabilidade da vida tendia a nivelar, anulando-as, as antigas distinções e expressões da *vita activa*; tendia a ver o labor, o trabalho e a ação como igualmente sujeitos às vicissitudes da vida na Terra. Ao mesmo tempo, contribuiu para poupar parcialmente a atividade do labor, [...] do desdém que a antiguidade lhe dedicava[63].

Embora a secularização e a desconfiança na realidade – uma repercussão da invenção do telescópio por Galileu – houvessem solapado a fé cristã na imortalidade da vida, a inversão entre vida e mundo promovida pelo cristianismo atravessou a era moderna e persiste até os dias de hoje. Quando essa antiga inversão coincidiu, na era moderna, com a inversão entre pensamento e ação (o fazer),

[...] a *vita activa* pôde tornar-se vida ativa no sentido mais amplo do termo; e foi somente porque esta vida ativa se manteve ligada à vida como único ponto de referência, que a vida em si, o laborioso metabolismo do homem com a natureza, pôde tornar-se ativa e exibir toda a sua fertilidade[64].

É essa valorização da vida, presente na era moderna, que se encontra, também, no pensamento de Marx e, ainda que a tradição tenha sido muitas vezes combatida, essa inversão entre vida e mundo promovida pelo cristianismo jamais foi alvo de quaisquer rebeliões

---

sofia grega, nas pregações de Jesus de Nazareth; contudo, mesmo que a filosofia medieval houvesse sido mais fiel ao espírito dos Evangelhos, dificilmente teria encontrado neles algum motivo para glorificar o labor. A única atividade que Jesus de Nazareth recomenda em suas pregações é a ação, e a única capacidade que ele salienta é a capacidade da 'fazer milagres' " (*idem*, p. 331). A capacidade de fazer milagres é, para Arendt, a capacidade que todo homem dispõe e pode realizar quando encontra espaço para exercer a liberdade – a ação.

63. *Idem*, p. 329.
64. *Idem*, p. 333.

por parte dos filósofos. Para Arendt, "os maiores representantes da moderna filosofia da vida são Marx, Nietzsche e Bergson, na medida em que todos os três equacionam a Vida ao Ser"[65].

Nenhum desses filósofos [desde Kierkegaard até o existencialismo] está realmente interessado na ação em si. Podemos aqui deixar de lado Kierkegaard, com sua ação não-mundana, dirigida para dentro do homem. Nietzsche e Bergson descrevem a ação em termos de fabricação – o *homo faber* em lugar do *homo sapiens* –, tal como Marx concebe a ação em termos semelhantes e descreve o labor em termos de trabalho. Em todos, porém, o ponto ulterior de referência não é o trabalho e a mundanidade, como também não é a ação: é a vida, é a fertilidade da vida[66].

A valorização da vida, presente no pensamento de Marx, influenciou a filosofia política desse pensador, bem como a projeção que ele fez de uma sociedade ideal, aspectos que serão discutidos nas duas próximas seções.

A FILOSOFIA POLÍTICA DE MARX: A AÇÃO COMO FABRICAÇÃO

Quando inverteu a hierarquia tradicional, a partir da filosofia da História de Hegel, Marx estava inaugurando a sua Filosofia Política. Para Arendt, "o ponto essencial é que a Filosofia Política de Marx não se baseava sobre uma análise de homens em ação, mas, ao contrário, na preocupação hegeliana com a História", de modo que "foi o historiador e filósofo quem se politizou", tornando a

65. *Idem*, p. 326.
66. *Idem, ibidem.*

a crítica de hannah arendt a karl marx

ação e a política mais teóricas, já que estas foram submetidas às leis de movimento da dialética hegeliana[67].

O salto de Marx da teoria para a ação, e da contemplação para o trabalho, veio depois de Hegel haver feito da Metafísica uma Filosofia da História e transformado o filósofo no historiador[68].

Ao adotar o moderno conceito de história, presente na filosofia hegeliana, Marx incorporou o conceito de processo, que Hegel emprestou às ciências naturais, bem como a dialética da história, que este pensador criou, inspirado, segundo Arendt, na Revolução Francesa e nos posteriores desdobramentos da mesma[69].

Assentadas, inicialmente, nos valores do *homo faber*, as ciências naturais haviam buscado na atividade do trabalho não apenas os instrumentos e utensílios para as suas experiências, mas, também, o "elemento de fabricação presente no próprio experimento, que produz os seus próprios fenômenos de observação"[70] – o processo de fabricação. É que a experiência científica, firmada na convicção de que o homem só pode conhecer aquilo que ele mesmo faz, procura imitar os processos naturais a fim de reproduzi-los.

Esse foi o motivo pelo qual as ciências deixaram de ter como questão "'o que' uma coisa é e 'porque' existe para a nova questão

---

67. H. Arendt, "O Conceito de História Antigo e Moderno", p. 112.
68. H. Arendt, "A Tradição e a Época Moderna", p. 56.
69. Ainda que Vico, considerado "um dos pais da moderna consciência histórica", tenha sido um precursor dos historiadores modernos, por ter sido o primeiro a adotar a concepção de história como um processo, é a partir de Hegel que o conceito moderno de história atinge notoriedade, "O Conceito de História Antigo e Moderno", p. 88.
70. H. Arendt, *A Condição Humana*, p. 308.

hannah arendt e karl marx: o mundo do trabalho

de 'como' veio a existir"[71]. Uma mudança de ênfase fundamental, observa Arendt, já que exprime uma alteração nos objetos de conhecimento, que deixam de ser as coisas e os movimentos e passam a ser os próprios processos, de modo que "o objeto da ciência já não é a natureza ou o universo, mas a história – a história de como vieram a existir a natureza, a vida ou o universo"[72]. A própria natureza passou a ser vista, assim, como um processo, para que fosse possível ao homem refazer a criação, colocando-se no papel do próprio Criador.

Muito antes que a era moderna adquirisse sua inédita consciência histórica e o conceito de história passasse a dominar a filosofia moderna, as ciências naturais haviam-se transformado em disciplinas históricas; e, no século XIX, acrescentaram às disciplinas mais antigas da física e da química, da zoologia e da botânica, as novas ciências naturais da geologia ou história da Terra, da biologia ou história da vida, da antropologia ou história da vida humana e, de modo mais geral, a história natural[73].

A relevância dos processos nos experimentos científicos ganhou uma importância jamais conquistada na própria atividade do *homo faber*. Se, para o *homo faber*, o objeto fabricado era a finalidade de todo o processo, com a experimentação científica o processo passou a ser a própria finalidade, e isso é uma decorrência do fato de que o cientista não estava interessado em produzir coisas, e, sim, em criar conhecimento. As descobertas científicas, nota Arendt, nunca são realizadas por motivos práticos, as coisas que elas criam são meros subprodutos das experiências.

71. *Idem, ibidem.*
72. *Idem*, p. 309.
73. *Idem, ibidem.*

a crítica de hannah arendt a karl marx

A adoção, por Hegel, do conceito de processo, emprestado das ciências naturais, não dá conta de explicar, todavia, a introdução, na filosofia da História, nem de um conceito unilinear de processo nem do móvel desse processo. Nas ciências naturais, os processos que são "cíclicos, rotativos e recorrentes" têm o seu movimento dado pelas necessidades inerentes ao próprio movimento – "todo o movimento cíclico é um movimento necessário por definição"[74]. O processo histórico, inaugurado por Hegel, é surpreendente porque, além de retilíneo, é dotado de movimento próprio. Para Arendt, a explicação para o surgimento de uma ideia de processo, assim concebida, tem origem não na teoria, mas na realidade: na Revolução Francesa.

O fato de que a necessidade, como uma característica inerente à História, sobrevivesse à moderna ruptura do ciclo dos eternos retornos, e fizesse seu reaparecimento num movimento que era essencialmente retilíneo – e que, portanto, não retornava ao que já era conhecido anteriormente, mas se alongava rumo a um futuro desconhecido –, esse fato deve sua existência não à especulação teórica, mas à experiência política e ao curso dos acontecimentos reais[75].

---

74. H. Arendt, *Da Revolução*, p. 44. Arendt nota que era ainda como um processo circular que Vico via a história. Foi Vico o primeiro a perceber a história como um produto da atividade humana e a buscar, através dela, um conhecimento que supunha seguro, influenciado pela crença de que o homem só pode conhecer o que ele mesmo produz. "A moderna descoberta da história e a consciência histórica deveram um dos seus maiores impulsos, não a um novo entusiasmo pela grandeza do homem, por seus feitos e sofrimentos, nem à crença de que o significado da existência humana poderia ser encontrado na história da humanidade, mas ao desespero em relação à razão humana, que só parecia adequada diante de objetos fabricados pelo homem" (H. Arendt, *A Condição Humana*, p. 311).

75. H. Arendt, *Da Revolução*, p. 44.

Foi inspirado nos movimentos "da revolução e da contrarrevolução, de 14 de julho ao 18 de Brumário e à restauração da monarquia", que Hegel fundou a sua dialética da liberdade e da necessidade. Impressionado com a autonomia que os acontecimentos pareciam ganhar, levando de roldão os homens em sua luta pela liberdade, a história pareceu, para Hegel, movida pela liberdade e pela necessidade do próprio processo,

> [...] que arrasta os homens em sua corrente irresistível, como um poderoso caudal subterrâneo, ao qual devem submeter-se no próprio instante em que tentam estabelecer a liberdade sobre a terra[76].

Nada havia de jocoso na teoria de Hegel, nem qualquer graça vã na sua dialética da liberdade e da necessidade. Ao contrário, elas devem ter exercido, mesmo nessa época, um forte atrativo sobre aqueles que ainda estavam sob o impacto da realidade política; a inabalável força de sua plausibilidade fundamentou-se, a partir daí, muito menos na evidência teórica, do que numa experiência repetida com frequência nos séculos de guerras e revoluções[77].

O movimento histórico, em Hegel, tem origem, assim, naquilo que Arendt nomeia como "o mais intolerável paradoxo de todo o pensamento moderno"[78]: o equacionamento dialético entre necessidade e liberdade. Arendt refere-se, naturalmente, à própria natureza da liberdade que, por ser liberdade, não está associada a quaisquer tipos de necessidade. Além disso, o que Hegel viu como um movimento histórico necessário é, para Arendt, apenas

76. *Idem*, p. 43.
77. *Idem*, p. 44.
78. *Idem*, p. 43.

a crítica de hannah arendt a karl marx

o resultado das repercussões imprevisíveis oriundas da ação, vistas, retrospectivamente, pelo olhar do filósofo.

Os processos são desencadeados como repercussões imprevisíveis dos fatos e dos eventos e podem, eventualmente, tornar-se automáticos, como é o caso de "civilizações petrificadas e irremediavelmente decadentes nas quais a ruína parece predeterminada, como uma necessidade biológica, e como semelhantes processos históricos de estagnação podem arrastar-se e perdurar por séculos"[79]. Onde a atividade da ação pode manifestar-se, todavia, não há lugar para processos automáticos, já que ela é a expressão da imprevisibilidade.

Em retrospecto – isto é, em perspectiva histórica –, toda sequência de eventos aparece como se não pudesse ter acontecido de outra forma, mas isso é uma ilusão de óptica, ou melhor, existencial: nada poderia jamais acontecer se a realidade não matasse, por definição, todas as demais potencialidades inerentes a uma dada situação[80].

A história entendida como um processo desconsidera os fatos e os eventos, bem como as repercussões imprevisíveis e o sentido dos mesmos. Entre os antigos, os problemas humanos eram iluminados pelos fatos e eventos, a partir do sentido próprio que estes carregam consigo e que os vincula ao seu próprio contexto. A absorção dos eventos por um processo temporal leva à dissociação entre o concreto e o geral.

79. H. Arendt, "Verdade e Política", *Entre o Passado e o Futuro*, p. 217.
80. *Idem*, p. 301.

hannah arendt e karl marx: o mundo do trabalho

Processos invisíveis engolfaram todas as coisas tangíveis e todas as entidades individuais visíveis para nós, degradando-as a funções de um processo global[81].

Causalidade e contexto eram vistos sob uma luz fornecida pelo próprio evento, iluminando um segmento específico dos problemas humanos; não eram considerados como possuidores de uma existência independente de que o evento seria apenas a expressão mais ou menos acidental, conquanto adequada. Tudo que era dado ou acontecia mantinha sua cota de sentido "geral" dentro dos confins de sua forma individual e aí a revelava, não necessitando de um processo envolvente e engolfante para se tornar significativo[82].

Essa crítica que Arendt faz ao moderno conceito de história, que, uma vez adotado por Hegel, ganhou aceitação entre um número significativo de historiadores modernos, já estava presente em *Origens do Totalitarismo*. Nessa obra, Arendt lança mão de uma profusão de fatos e de eventos históricos para compreender o passado, surpreendendo, com isso, aqueles que estão habituados à noção de processo histórico. Ela já dirigia críticas, então, àqueles que concebiam a história como um processo coerente, bem acabado e revelador da verdade. Ela já alertava "o historiador dos tempos modernos" contra o perigo das histórias "que dizem explicar tendências históricas"[83], estabelecendo, para isso, uma comparação entre o historiador de processos e o sofista da Antiguidade grega.

Platão, em sua luta contra os sofistas, descobriu que a "arte universal de encantar o espírito com argumentos" (Fedro, 261) nada tinha a ver com

81. H. Arendt, "O Conceito de História Antigo e Moderno", p. 95.
82. *Idem*, p. 96.
83. H. Arendt, *Origens do Totalitarismo*, p. 29.

a crítica de hannah arendt a karl marx

a verdade, mas só visava à conquista de opiniões, que são mutáveis por sua própria natureza e válidas somente "na hora do acordo e enquanto dure o acordo" (Teeteto, 172b). Descobriu também que a verdade ocupa uma posição muito instável no mundo, pois as opiniões – isto é, "o que pode pensar a multidão", como escreveu – decorrem antes da persuasão do que da verdade (Fedro 260). A diferença mais marcante entre os sofistas antigos e os modernos é simples: os antigos se satisfaziam com a vitória passageira do argumento às custas da verdade, enquanto os modernos querem uma vitória mais duradoura, mesmo que às custas da realidade. Em outras palavras, aqueles destruíam a dignidade do pensamento humano, enquanto estes destroem a dignidade da ação humana. O filósofo preocupava-se com os manipuladores da lógica, enquanto o historiador vê obstáculos nos modernos manipuladores dos fatos, que destroem a própria história e sua inteligibilidade, colocada em perigo sempre que os fatos deixam de ser considerados parte integrante do mundo passado e presente, para serem indevidamente usados a fim de demonstrar esta ou aquela opinião[84].

Para Arendt, Marx foi o mais fatualista entre os historiadores da era moderna. Ao adotar o conceito de história como um processo e a dialética como lei do movimento histórico, todavia, Marx encontra--se entre aqueles historiadores que destroem a própria história em função do papel que os fatos e eventos passam a cumprir no processo histórico. Subordinados a leis e desígnios imutáveis, os fatos e os eventos perdem a inesperabilidade e o sentido que lhes são próprios.

Mas, se Marx tem em comum com Hegel o moderno conceito de história e a dialética como movimento da história, para Hegel, a filosofia da história tinha um interesse puramente teórico, uma vez assentada na contemplação retrospectiva do processo histórico[85].

---

84. *Idem, ibidem.*
85. "Para Vico, como mais tarde para Hegel, a importância do conceito de História

hannah arendt e karl marx: o mundo do trabalho

Para Marx, a história era um princípio para a ação humana e essa é uma concepção que ele emprestou das filosofias políticas teleológicas, do início da era moderna: a convicção de que o propósito da filosofia era o de nortear a ação humana para novos alvos e propósitos – um repúdio dessas filosofias contra a tradição, uma vez que esta, desde Aristóteles, preocupava-se com o estudo das origens e das causas. Com isso, Marx transformou em "fins intencionais de ação" os "desígnios superiores" revelados retrospectivamente na filosofia da História de Hegel.

A junção entre a visão retrospectiva do processo histórico, emprestada de Hegel, e a visão prospectiva, emprestada das filosofias políticas modernas, não foi, nota Arendt, uma tarefa difícil para Marx, que contava, então, com um conceito de ação assentado na atividade da fabricação – no trabalho. Firmado na teoria das Ideias de Platão, que era, já, inspirada na atividade da fabricação, Marx encampou a noção de modelo (*eidos* ou "forma"), que norteia a atividade do artífice, concluindo, agora sim, a sua obra: o homem é quem faz (fabrica) a história, ficando a sua "ação", no entanto, subordinada às leis da dialética e ao cumprimento dos "desígnios superiores" da história. Ao fazer a história – através das revoluções (violência) –, o homem, norteado por um fim historicamente estabelecido, estaria realizando aquelas leis – assentadas na luta de classes.

---

era basicamente teórica. Jamais ocorreu a nenhum deles aplicar esse conceito utilizando-o diretamente como um princípio de ação. Concebiam a verdade como sendo revelada ao vislumbre contemplativo e retrospectivo do historiador, o qual, por ser capaz de ver o processo como um todo, estaria em posição de desprezar os 'desígnios estreitos' dos homens em ação, concentrando-se em vez disso nos 'desígnios superiores' que se realizam por trás de suas costas (Vico)" (H. Arendt, "O Conceito de História Antigo e Moderno", p. 112).

a crítica de hannah arendt a karl marx

Ele [Marx] superpôs a "lei da História" à Política, findando por perder o significado de ambas – da ação não menos que do pensamento, e da Política não menos que da Filosofia – ao insistir em que eram meras funções da sociedade e da história[86].

Assim, além de passar por cima do sentido dos eventos, Marx submeteu os eventos a um padrão: à luta de classes. "Para Marx essa fórmula parecia desvendar todos os segredos da história, exatamente como a lei da gravidade parecera desvendar todos os segredos na natureza"[87]. E a confusão entre desvendar o sentido do processo histórico e estabelecer um padrão para explicá-lo é, para Arendt, uma consequência da transposição, para a história, do pensamento utilitarista – a forma de pensar do *homo faber*. "Dentro das limitações do pensamento utilitarista nada pode fazer sentido além de padrões, pois apenas padrões podem ser 'feitos'", o sentido, de maneira diversa, só pode ser revelado ou descoberto[88].

Marx foi, como observa Arendt, apenas o primeiro historiador "a confundir um padrão com um sentido", tendo estabelecido um tal padrão, "devido à sua preocupação com a ação e sua impaciência com a história"[89]. Segundo ela, Marx distingue-se da maioria dos historiadores que criaram processos históricos padronizados, por ter fundado o seu próprio padrão num discernimento histórico que preserva a integridade dos fatos, ainda que o sentido dos mesmos se perca na generalização histórica. Depois de Marx,

---

86. H. Arendt, "A Tradição e a Época Moderna", p. 57.
87. H. Arendt, "O Conceito de História Antigo e Moderno", p. 115.
88. *Idem*, p. 116.
89. *Idem, ibidem*.

[...] temos visto os historiadores imporem ao labirinto de fatos passados praticamente qualquer padrão que lhes apraza, disso resultando que a ruína do fatual e do particular através da validade aparentemente maior de "sentidos" gerais chegou mesmo a solapar a estrutura fatual básica de todo processo histórico, isto é, a "cronologia"[90].

Se a narrativa histórica não pode ser uma simples coleção de fatos, nota Arendt, já que estes são, por si mesmos, inconclusivos e a própria "realidade é diferente da totalidade dos fatos e ocorrências e mais que essa totalidade, a qual, de qualquer modo, é inaveriguável"[91], ela não pode ignorar os eventos e suas repercussões.

A atitude política diante dos fatos deve, com efeito, trilhar a estreita senda que se situa entre o perigo de tomá-los como resultados de algum desenvolvimento necessário que os homens não poderiam impedir e sobre os quais, portanto, eles nada podem fazer, e o risco de negá-los, de tentar maquinar sua eliminação do mundo[92].

Não foram, porém, apenas os fatos e os eventos que isoladamente perderam o sentido próprio no movimento histórico padronizado por Marx. O processo histórico, em Marx, penetra no futuro e encontra, aí, um fim estabelecido – o lugar de onde acena a liberdade –, de tal modo que o próprio passado e o presente, subjugados pelo futuro, perdem o seu sentido próprio, no âmbito mesmo desse processo histórico. O passado deixa de iluminar o presente e este torna-se mera passagem para um futuro que, uma vez conhecido, deixa de ser o lugar das muitas possibilidades.

90. *Idem*, p. 115.
91. H. Arendt, "Verdade e Política", p. 323.
92. *Idem*, p. 320.

a crítica de hannah arendt a karl marx

Se o passado e o presente são tratados como partes do futuro – isto é, levados de volta a seu antigo estado de potencialidade – o âmbito político priva-se não só de sua principal força estabilizadora como do ponto de partida para transformar, para iniciar algo novo[93].

O que se perdeu na tradição e o que se encontra ausente no pensamento de Marx é a atividade da ação em sentido pré-filosófico: a ação que é iniciativa e que é um novo começo. E é por esse motivo que as análises elaboradas por esse pensador não têm espaço para quaisquer reflexões que se debrucem sobre a fundação de um espaço público-político: o palco para o exercício da liberdade e, assim, para os processos imprevisíveis que se desdobram a partir da ação.

O perigo de transformar os "desígnios superiores" desconhecidos e incognoscíveis em intenções planejadas e voluntárias estava em se transformarem o sentido e a plenitude de sentido em fins, o que aconteceu quando Marx tomou o significado hegeliano de toda história, o progressivo desdobramento e realização da ideia de Liberdade, como sendo um fim da ação humana, e quando, além disso, em conformidade com a tradição, considerou esse "fim" último como o produto final de um processo de fabricação[94].

Em Arendt, a história é essencialmente política, não porque pode ser transposta, teoricamente, para a esfera da ação, mas porque ela tem origem na própria ação, sendo esse o motivo pelo qual

---

93. *Idem*, p. 319.
94. H. Arendt, "O Conceito de História Antigo e Moderno", p. 113.

a história, para essa pensadora, está assentada em fatos e eventos. Fatos e eventos têm lugar em meio à convivência e à ação conjunta dos homens, em meio a uma realidade comum e fatual – o espaço público-político. Para Arendt, só a ficção pode ser fabricada, mas não a história real, que de real tem apenas a ação.

A narração dos fatos é sempre uma estória e essa, sim, é o resultado de uma fabricação, que, ainda que possa apresentar alguma relevância política, não é uma atividade política. O trabalho do historiador acontece no isolamento e o seu ponto de vista é exterior ao domínio da ação, de modo que enquanto essa atividade perdura não é possível "nenhum compromisso político e nenhuma aderência a uma causa"[95].

A "ação", em Marx, está fundada na violência e na fabricação. Mas violência e ação não se confundem; para Arendt, a violência, por ser muda, não é, em si mesma, um fenômeno político. Além disso, por não estar assentada na palavra e na ação, ela é, sempre, destituída de dignidade e de grandeza. Arendt nota que, de fato, a violência, que é instrumental – porque constitui-se na forma de instrumentos de violência –, está fundada na categoria de meios e fins, já que, "como todos os meios, ela sempre depende da orientação e da justificação pelo fim que almeja"[96]. No entanto, isso não significa que a violência tenha objetivos necessariamente alcançáveis, como acontece com a atividade do trabalho, pois, ainda que ela não seja, em si mesma, um fenômeno político, ela é não apenas um embate de violência contra violência, como tem lugar no âmbito

95. H. Arendt, "Verdade e Política", p. 321.
96. H. Arendt, *Sobre a Violência*, p. 41.

a crítica de hannah arendt a karl marx

político dos negócios humanos, onde a pluralidade dos participantes torna os resultados sempre imprevisíveis.

Cartilhas sobre "como fazer uma revolução" em um progressivo passo a passo, da discordância à conspiração da resistência ao levante armado, baseiam-se todas na noção enganosa de que as revoluções são "feitas". [...] Onde os comandos não são mais obedecidos, os meios da violência são inúteis; e a questão desta obediência não é decidida pela relação de mando e obediência, mas pela opinião e, por certo, pelo número daqueles que a compartilham[97].

As revoluções são um fenômeno da era moderna que, embora tenham tido como bandeira a liberdade, foram incapazes de fundá-la, porque esta não pode ser instaurada nem como finalidade e nem como fruto da violência[98]. Quando muito, observa Arendt, as revoluções podem ter como finalidade a libertação, que é a pré-condição para a instauração do espaço político, este, sim, um espaço potencial para a manifestação da liberdade, já que o espaço da liberdade é o espaço da convivência entre os homens, da comparticipação de atos e de palavras[99].

---

97. *Idem*, p. 39.
98. "Forçar alguém mediante violência, ordenar ao invés de persuadir, eram modos pré-políticos de lidar com as pessoas, típicos da vida fora da *polis*, característicos do lar e da vida em família, na qual o chefe da casa imperava com poderes incontestes e despóticos, ou da vida nos impérios bárbaros da Ásia, cujo despotismo era frequentemente comparado à organização doméstica" (H. Arendt, *A Condição Humana*, p. 36).
99. O movimento que resultou na Constituição dos EUA, que Arendt chama de "Revolução Americana", em *Da Revolução*, e que constituiu-se, segundo ela, como movimento de libertação, não será objeto de exame neste estudo. Cabe salientar

hannah arendt e karl marx: o mundo do trabalho

Ainda que Arendt reconheça que a violência seja, às vezes, a única forma de "reequilibrar a justiça", podendo, por isso mesmo, ganhar alguma justificativa para a sua promoção, a violência jamais é legítima e pode, inclusive, perder até mesmo a sua justificativa, se esta for colocada num futuro distante: a longo prazo, a violência torna-se presa da imprevisibilidade que governa as relações humanas. "Ela [a violência] não promove causas, nem a história, nem a revolução, nem o progresso, nem o retrocesso, mas pode servir para dramatizar queixas e trazê-las à atenção pública."[100]

Para Arendt, foi inspirado na Revolução Francesa que Marx associou a revolução às necessidades do movimento histórico. Marx, "o maior teórico que as revoluções jamais tiveram" e que era "muito mais interessado em História do que em política"[101], colocou em destaque a questão social, que havia ocupado o palco da Revolução Francesa, em detrimento dos objetivos iniciais da mesma, que estavam voltados, segundo os próprios revolucionários, para a fundação da liberdade.

A multidão de pobres que roubou a cena durante o desenrolar da Revolução Francesa acabou interferindo no curso dos acontecimentos, ao colocar no centro do espaço revolucionário a urgência de suas necessidades vitais.

Foi sob o ditame dessa necessidade que a multidão acudiu ao apelo da Revolução Francesa, inspirou-a, impulsionou-a para a frente e, finalmen-

---

aqui, tão somente, que Arendt referiu-se à desconsideração de Marx por um tal acontecimento (*Da Revolução*, p. 20).

100. H. Arendt, *Sobre a Violência*, p. 58.

101. H. Arendt, *Da Revolução*, p. 48.

a crítica de hannah arendt a karl marx

te, levou-a à destruição. [...] A liberdade teve de render-se à necessidade, à urgência do processo vital. [...] Ele [Robespierre] havia relegado seu próprio "despotismo da liberdade", sua ditadura em favor da fundação da liberdade, e se voltado para os "direitos dos *sans-cullotes*", que se traduziam em "vestuário, alimentação e reprodução da sua espécie". [...] Robespierre, por fim, sabia muito bem o que estava ocorrendo, embora o expressasse (em seu último discurso) em forma de profecia: "Haveremos de perecer, pois, na história da humanidade, perdemos a ocasião oportuna de fundar a liberdade". Não foi a conspiração de reis e de tiranos, mas a conspiração muito mais poderosa da necessidade e da pobreza que os desviou por tempo suficiente para fazê-los perder o "momento histórico". Entrementes, a revolução mudara de rumo; não buscava mais a liberdade; seu objetivo agora era a felicidade do povo[102].

Para Arendt, Marx "omitiu quase que inteiramente as intenções originais dos homens da revolução"[103], acabando por convencer-se de que, justamente por não ter conseguido resolver as questões sociais, a liberdade não pôde ser instituída pela Revolução Francesa. A contribuição "mais explosiva" de Marx foi a descoberta de que a pobreza é uma "força política de primeira ordem", tendo atribuído a existência da mesma à exploração de uma classe por outra, de tal modo que outros aspectos de sua filosofia política são, para Arendt, apenas derivativos e secundários quando comparados a este:

[...] os componentes ideológicos de seus ensinamentos, sua crença no socialismo "científico", na necessidade histórica, nas superestruturas, no "materialismo" etc., são comparativamente secundários e derivativos; ele os partilhava com todo o mundo moderno, e hoje podemos encontrá-los

102. *Idem, ibidem.*
103. *Idem, ibidem.*

hannah arendt e karl marx: o mundo do trabalho

não apenas nas diversas ramificações do socialismo e do comunismo, mas em todo o conjunto das ciências sociais[104].

Essas ideias, no entanto, separam, na opinião de Arendt, o jovem Marx do velho Marx. Ainda que o primeiro tenha pensado que a liberdade pudesse surgir da questão social, acreditando que as forças oriundas das necessidades vitais acabariam levando à liberdade, o velho Marx modificou, posteriormente, essas ideias: o objetivo da revolução deixou de ser a libertação do homem frente à exploração e transformou-se na libertação do processo vital da sociedade.

Para Arendt, essa guinada teórica representou uma "real capitulação da liberdade frente à necessidade"[105]. E essa mudança teórica é, para ela, o motivo pelo qual "o lugar de Marx, na história da liberdade humana, permanecerá sempre equívoco"[106].

Após haver denunciado as condições sociais e econômicas em termos políticos, logo deve ter-se tornado claro para ele que suas categorias eram reversíveis, e que tanto era possível interpretar a política em termos econômicos, como vice-versa. (Essa reversibilidade de conceitos é inerente a todas as categorias de pensamento estritamente hegelianas.) Uma vez estabelecida uma relação, realmente existente, entre violência e necessidade, não havia razão para que ele não considerasse a violência em termos de necessidade, e compreendesse a opressão como causada por fatores econômicos, mesmo que esse relacionamento tivesse sido descoberto em sentido contrário, ou seja, denunciando a necessidade como uma violência criada pelo homem[107].

104. *Idem*, p. 49.
105. *Idem*, p. 51.
106. *Idem*, p. 50.
107. *Idem*, p. 51.

a crítica de hannah arendt a karl marx

Assim, por ter confundido tradição e passado, Marx não pôde problematizar nem a inexistência de um mundo comum, na era moderna, nem fundar o seu pensamento político na atividade da ação. Esse foi o motivo pelo qual Marx fundou a previsibilidade da "ação" e a imutabilidade do movimento histórico na "natureza" única e permanente do *animal laborans*.

De fato, se a vida fosse a única condição humana legada ao homem, então o processo vital da espécie humana seria o fundamento adequado para um movimento histórico previsível e necessário, já que até mesmo o *homo faber*, ao construir o artefato humano, transpõe a sua imprevisibilidade para o mundo. Assim, não é apenas a atividade da fabricação que está vinculada à Filosofia Política de Marx, mas também a atividade do labor. O homem que "fabrica" a história, para este pensador, é o mesmo que "fabrica" os bens de consumo na sociedade moderna: o *animal laborans*, que, em Marx, aparece com a roupagem do *homo faber*.

A SOCIEDADE UTÓPICA: UM LUGAR DE CONTRADIÇÕES

A sociedade utópica, esboçada por Marx, tem origem, para Arendt, na combinação de dois elementos não-utópicos: o uso de conceitos tradicionais e a projeção de tendências que Marx pôde observar na realidade de seu tempo.

Marx percebeu com clareza certas tendências inerentes à época anunciada pela Revolução Industrial, não obstante estivesse enganado em sua suposição de que essas tendências só se afirmariam sob as condições de socialização dos meios de produção. A tradição jaz em sua visão desse desenvolvimento sob uma luz idealizada. [...] Isso o cegou para proble-

hannah arendt e karl marx: o mundo do trabalho

mas autênticos e bastante embaraçadores inerentes ao mundo moderno e conferiu às suas acuradas predições sua qualidade utópica[108].

Foi inspirado na versão da *polis* grega, presente na tradição de pensamento ocidental, que Marx moldou algumas das principais características de sua sociedade utópica. Para Arendt, as convicções de Marx na existência de uma sociedade sem classes e sem Estado reproduzem algumas das principais características sociais e econômicas da *polis* grega. Na sociedade socializada, não haveria, segundo Marx, nem Estado, nem "trabalho" e nem classes; nela, os *hobbies* ocupariam os homens socializados.

De fato, observa Arendt, na *polis* pré-filosófica não havia a divisão entre governantes e governados e os homens só poderiam adquirir cidadania quando não mais precisassem se dedicar às atividades do labor. Isso não significa, no entanto, que a administração pública não existisse ou que os homens não se dedicassem a nenhuma atividade. Para o cidadão ateniense, "os deveres políticos eram considerados tão difíceis e absorventes que não se poderia permitir àqueles que neles se empenhassem nenhuma atividade cansativa"[109]; além disso, o tempo livre a que Marx se referia não era, na *polis* pré-filosófica, a libertação em relação ao "trabalho", e, sim, a conquista de tempo livre destinado às atividades políticas: "por amor a um corpo político [...], cada um deles estava mais ou menos disposto a compartilhar do ônus da jurisdição, da defesa e

---

108. H. Arendt, "A Tradição e a Época Moderna", p. 47.
109. *Idem*, p. 46. Arendt observa que, pelo critério da fadiga, apenas poderiam ser admitidos, como cidadãos na *polis* grega, os pastores e os pintores, mas não o camponês e o escultor (*idem, ibidem*).

a crítica de hannah arendt a karl marx

da administração dos negócios públicos"[110]. O tempo livre a que se referia Marx era o ideal do filósofo: *skholé* e *otium*, como "vida devotada a alvos mais altos que o trabalho ou a política"[111]. A igualdade existente na *polis*, por sua vez, está na origem da ideia de uma sociedade sem classes. Aquela igualdade, entretanto, era a igualdade entre pares.

A sociedade sem classes e sem Estado de alguma forma realiza as antigas condições gerais de liberação do trabalho e, ao mesmo tempo, liberação da política. Isso deveria suceder quando a "administração das coisas" tivesse tomado o lugar do governo e da ação política. Esta dupla liberação, do trabalho assim como da política, havia sido para os filósofos a condição de uma *bios theoretikós*, uma vida devotada à Filosofia e ao conhecimento no sentido mais amplo da palavra"[112].

Além disso, porque Marx fundou a sua utopia não somente em conceitos tradicionais, mas também nas tendências presentes na realidade de seu tempo, o mundo moderno e a sociedade utópica imaginada por esse pensador têm características semelhantes. Para Arendt, o governo pessoal tornou-se inexistente, no mundo moderno, com o advento de uma burocracia, que corresponde ao governo de ninguém; os homens conquistaram uma igualdade fundada em padrões comportamentais previsíveis – a "conduta social" –, padrões esses que substituíram a ação; o consumo e o lazer transformaram-se nas únicas preocupações do homem moderno e, finalmente, este encontra-se praticamente liberto das fadigas e das

---

110. H. Arendt, *A Condição Humana*, p. 51.
111. H. Arendt, "A Tradição e a Época Moderna", p. 47.
112. *Idem*, p. 46.

hannah arendt e karl marx: o mundo do trabalho

dores do labor através do avanço tecnológico, que parece querer consumar, definitivamente, essa libertação, através do fim do emprego na "sociedade de empregados".

O que tradicionalmente chamamos de Estado e de governo cede lugar aqui à mera administração – estado de coisas que Marx previu corretamente como a "decadência do Estado", embora não estivesse certo ao presumir que somente uma revolução pudesse provocá-lo, e menos certo ainda quando acreditou que esta completa vitória da sociedade significaria o eventual surgimento do "reino da liberdade"[113].

É no estudo da utopia marxista que as contradições presentes no pensamento de Marx revelam-se. E isso é uma decorrência do fato de ter este pensador se rebelado contra a tradição e ficado, ao mesmo tempo, preso a ela. Para Arendt, encontram-se presentes, na obra de Marx, três proposições-chave, a partir das quais ele desafia algumas das principais verdades tradicionais: *o trabalho (labor) criou o homem*; *a violência é a parteira da história* e, finalmente, *não se pode realizar a filosofia sem superá-la*.

Implícitas na proposição de que *o trabalho (labor) criou o homem* estão quatro insurreições de Marx contra a tradição: foi o *trabalho* que criou o homem e não Deus; o homem cria a sua própria humanidade através do *trabalho*; o homem não é um *animal rationale* e distingue-se do animal, não pela razão, mas, sim, pelo *trabalho*; e, finalmente, é o *trabalho*, a atividade mais desprezada pela tradição, que deve ser glorificado como o atributo máximo do homem.

---

113. H. Arendt, *A Condição Humana*, p. 54.

a crítica de hannah arendt a karl marx

"Marx desafia assim o Deus tradicional, o juízo tradicional sobre o trabalho e a tradicional glorificação da razão"[114].

Com a proposição: *a violência é a parteira da história,* Marx enaltece a violência, insurgindo-se, assim, contra a tradição, que acreditava ser a violência "a *ultima ratio* nas relações entre nações", a mais vergonhosa entre as ações domésticas e uma característica da tirania. Desafiava, também, a crença tradicional no discurso enquanto a forma mais humana de relacionamento entre os homens.

A identificação marxista da ação com violência implica outro desafio fundamental à tradição, o qual pode ser mais difícil de perceber, mas do que Marx, que conhecia Aristóteles muito, deve ter sido cônscio. A dupla definição *aristotélica* do homem como um *zôon politkón* e um *zôon lógon ékhon*, um ser que atinge sua possibilidade máxima na faculdade do discurso e na vida em uma *polis*, destinava-se a distinguir os gregos dos bárbaros, e o homem livre do escravo. A distinção consistia em que os gregos, convivendo em uma *polis*, conduziam seus negócios por intermédio do discurso, através da persuasão (*péthein*), e não por meio de violência e através da coerção muda. [...] A glorificação da violência por Marx continha portanto a mais específica negação do *lógos*, do discurso, a forma de relacionamento que lhe é diametralmente oposta e, tradicionalmente, a mais humana[115].

O desafio de Marx à tradição, expresso na proposição de que *não se pode superar a filosofia sem realizá-la,* é o de que a filosofia deve concretizar-se no mundo dos negócios humanos, de tal forma que este "tonar-se-á um dia idêntico ao domínio de ideias em que o filósofo se move, ou de que a Filosofia, que sempre foi

---

114. H. Arendt, "A Tradição e a Época Moderna", p. 49.
115. *Idem, ibidem.*

hannah arendt e karl marx: o mundo do trabalho

'para os eleitos', tornar-se-á um dia a realidade do senso comum para todos"[116].

Para Arendt, cada uma dessas proposições, contém uma contradição fundamental, quando é considerada a partir da sociedade idealizada por Marx. Se o trabalho criou o homem e é, entre todas as atividades a mais humana, devendo, por isso, ser glorificada, o que acontecerá quando ele for abolido da sociedade utópica? Se a violência é a parteira da história, e, assim, o fundamento da ação humana, que tipo de ação restará aos homens quando a utopia for realizada? Se a filosofia deve consumar-se na realidade e ser, assim, abolida, o que restará da atividade do pensamento, na sociedade socializada?

Essas contradições, no entanto, são, para Arendt, apenas manifestações da contradição que encontra-se no centro do pensamento de Marx. Ao inverter a hierarquia tradicional, Marx aceitou a cisão e a oposição entre pensamento e ação inaugurada pelos filósofos socráticos na origem da tradição.

Nossa tradição de pensamento político começou quando Platão descobriu que, de alguma forma, é inerente à experiência filosófica repelir o mundo ordinário dos negócios humanos; ela terminou quando nada restou dessa experiência senão a oposição entre pensar e agir, que, privando o pensamento de realidade e a ação de sentido, torna a ambos sem significado[117].

Marx, de fato, ancorou o seu pensamento na realidade e esse foi o motivo pelo qual ele pôde perceber, como nenhum outro

116. *Idem*, p. 51.
117. *Idem*, p. 52.

a crítica de hannah arendt a karl marx

pensador de seu tempo, características fundamentais da realidade moderna, ainda que os conceitos tradicionais por ele utilizados o impedissem de problematizar vários aspectos da mesma, como se verá no próximo capítulo. A separação entre pensar e agir, no entanto, acabou fazendo com que Marx repetisse o gesto platônico de levar a verdade, alcançada em meio à solidão, para o mundo dos negócios humanos, sendo este o motivo pelo qual Arendt nomeou o pensamento político de Marx de Filosofia Política, incluindo este pensador no rol dos filósofos que pertencem à tradição de pensamento político ocidental[118].

Invertendo a tradição no interior de seu próprio quadro de referência, ele [Marx] não se desvencilhou de fato das ideias de Platão, não obstante registrasse o escurecimento do céu límpido onde aquelas ideias, assim como muitas outras entidades, outrora haviam sido visíveis aos olhos dos homens[119].

Foi Platão quem primeiro intentou ordenar a realidade, procurando, dessa forma, promover a extinção da contingência: a abolição da imprevisibilidade que decorre da ação, bem como da irresponsabilidade dos autores que, através da teia de relações humanas, dão andamento aos desdobramentos da ação. Em *O Estadista*, Platão promoveu, como observa Arendt, a separação entre os dois componentes da ação: o ato de começar – *archein* – do ato

---

118. Arendt estudou as relações entre pensamento e ação em "A Vida do Espírito", um aspecto que não será aprofundado neste estudo. Sobre a conciliação entre pensamento e ação, ver Maria de Fátima S. Francisco, "Pensamento e Ação em Hannah Arendt", *Tras/form/ação. Revista de Filosofia*, vol. 19, São Paulo, UNESP, 1996.
119. H. Arendt, "A Tradição e a Época Moderna", p. 68.

de realizar – *prattein* –, que eram correlatos para os gregos, fazendo do início uma incumbência do governante e da realização uma atribuição daqueles que recebiam ordens. Platão realizou essa separação inspirado no modo de vida privado, tendo sido o primeiro a promover a clivagem entre saber e fazer, já que à separação entre iniciar e realizar corresponde, também, a cisão entre saber e fazer, atribuições que, dentro do âmbito doméstico, correspondiam, respectivamente, à atividade do senhor e do escravo.

Visto como o próprio Platão identificou, de imediato, a linha divisória entre pensamento e ação como o fosso que separa governantes de governados, é óbvio que as experiências nas quais se fundamenta a divisão platônica são as da vida doméstica, onde nada jamais seria feito se o senhor não soubesse o que fazer, e não desse ordens aos escravos, que as executavam sem conhecer-lhes as razões. Aqui, efetivamente, o que sabe não precisa executar, e o que executa não precisa pensar ou conhecer. Platão tinha ainda clara consciência de que propunha uma transformação revolucionária da *polis* ao aplicar à sua administração as máximas comumente aceitas para a boa ordem dos assuntos domésticos[120].

A nova concepção platônica de ação obteve um sucesso secular, que pode ser atribuído ao desejo, também secular, da obtenção do controle da esfera política.

Tanto os homens de ação quanto os pensadores sempre foram tentados a procurar um substituto para a ação, na esperança de libertar a esfera dos negócios humanos da acidentalidade e da irresponsabilidade moral inerente à pluralidade dos agentes[121].

120. H. Arendt, *A Condição Humana*, p. 235.
121. *Idem*, p. 232.

a crítica de hannah arendt a karl marx

Não se pode dizer que Marx tivesse, como Platão, o objetivo de ordenar a realidade e de acabar com a contingência da mesma, mas parece que a separação entre saber e agir encontra-se presente no gesto deste pensador de criar e de propor um padrão histórico e uma "ação" capazes de guiar a humanidade rumo a um futuro previsível.

Para Arendt, a ausência de um espaço para a ação, no mundo moderno, coloca em risco a possibilidade de novos começos capazes de se desdobrarem em novas realidades. Para ela, o trabalho e a ação encontram-se restritos à atividade dos artistas, no primeiro caso, e à atividade dos cientistas, no último caso. Arendt lembra, no entanto, que no caso dos cientistas a atividade da ação se resume a desencadear processos sobre a natureza, e não sobre as relações humanas, de tal forma que a ação, nesse caso, "não tem o caráter revelador da ação nem a capacidade de produzir histórias e tornar-se histórica – caráter e capacidade que, juntos, constituem a própria fonte do sentido que ilumina a existência humana"[122]. Para a experiência comum, todavia, resta a atividade do labor, que, como se viu, tem na própria vida biológica a condição humana de sua realização.

Apesar das preocupações manifestadas por Arendt, o futuro, para ela, encontra-se em aberto, não apenas porque a mundanidade e a pluralidade humanas não podem ser irremediavelmente perdidas, já que são condições que foram dadas ao homem juntamente com a sua vida, mas também porque quaisquer soluções para os problemas do mundo moderno só podem ser dadas no

122. *Idem*, p. 337.

hannah arendt e karl marx: o mundo do trabalho

[...] âmbito da política prática, sujeitas ao acordo de muitos; jamais poderiam se basear em considerações teóricas ou na opinião de uma só pessoa, como se se tratasse de problemas para os quais só existe uma solução possível[123].

123. *Idem*, p. 13.

III. Um Confronto entre as Perspectivas de Hannah Arendt e Karl Marx

A Filosofia Política de Marx é inconciliável com o pensamento de Arendt; para essa pensadora, como se viu, a filosofia política encontra-se vinculada, à postura do filósofo que, acreditando possuir a verdade, alcançada em meio a solidão, leva para o mundo dos negócios humanos soluções acabadas para os problemas da humanidade[1].

Meu ofício – para me exprimir de uma maneira geral – é a teoria política. [...]

---

1. Esse aspecto nem sempre é bem compreendido. É opinião de B. Parekh, que Arendt deseja criar uma filosofia capaz de fazer justiça aos assuntos humanos e que o principal objetivo do filósofo político é, para essa pensadora, a investigação

hannah arendt e karl marx: o mundo do trabalho

A expressão "filosofia política" – que eu evito – já está extraordinariamente carregada pela tradição. Quando abordo esses problemas, seja na universidade, seja em outros lugares, tenho sempre o cuidado de mencionar a tensão que existe entre a filosofia e a política, ou seja, entre o homem que filosofa e o homem que é um ser que age; tal tensão não existe na filosofia da natureza: o filósofo coloca-se diante da natureza na mesma condição que todos os outros homens, e quando reflete sobre ela, toma a palavra em nome de toda a humanidade. Mas ele não se coloca de maneira neutra diante da política: desde Platão, isso não é mais possível! [...]

Eu quero focalizar a política com olhos, por assim dizer, depurados de qualquer filosofia[2].

A crítica de Arendt a Marx não se esgota, no entanto, na filosofia política deste, mas refere-se, também, à utopia marxista e à natureza da sociedade moderna. Nesses dois casos, Arendt não rejeita integralmente as ideias de Marx. Alguns aspectos presentes na utopia marxista foram incorporados por Arendt às suas próprias reflexões, quando características do mundo moderno lhe pareceram semelhantes a essa mesma utopia; por outro lado, as observações que ela fez a respeito da sociedade capitalista nem sempre se destinam a apontar uma eventual incompreensão da realidade moderna

das experiências políticas. "Na opinião de Arendt, o fato de que o filósofo ame e possua alguma forma de sabedoria e tenha uma capacidade para a reflexão crítica lhe permite desempenhar um importante papel na vida política" (B. Parekh, *Pensadores Políticos Contemporâneos*, Alianza Editorial, pp. 16 e 20). M. Bakan, por sua vez, critica a "filosofia política" de Arendt, por não fazer parte da mesma um programa de mudanças. M. Bakan, "Hannah Arendt's Concepts of Labor and Work", em M. Hill (ed.), *Hannah Arendt and the Recovery of the Public World*, New York, St. Martin's Press, 1979. p. 61.

2. H. Arendt, "Só Permanece a Língua Materna", *A Dignidade da Política,* pp. 123--124.

por parte de Marx. Para Arendt, em alguns casos, Marx "apenas resumiu, conceitualizou e transformou em programa as premissas subjacentes a duzentos anos de modernidade"[3].

As pistas deixadas por Arendt para a definição de um ponto de partida para o estabelecimento de um confronto entre as suas ideias e as de Marx não são muitas, mas são relevantes: para ela, a acumulação de capital pertence à natureza da sociedade capitalista, mas o estudo elaborado por Marx deixa a desejar, pois coloca em evidência a abundância presente na sociedade moderna, uma decorrência da adoção, por parte desse pensador, do ponto de vista da sociedade. Da ótica da sociedade, os homens encontram-se voltados para a produção de meios de subsistência e para a reprodução da espécie e a menos que se tenha como referência outra forma de organização dos homens, como aquela que encontrou lugar na cidade-estado grega, a esfera social surge como uma forma natural de organização dos homens.

Outra pista de natureza diferente das anteriores, porém não menos reveladora, é a disposição de Arendt em relação a Marx:

> Neste capítulo criticarei Marx – o que é lamentável numa época em que tantos escritores, que antes ganharam o seu sustento indo buscar, explícita ou tacitamente, inspiração na grande riqueza das ideias e visões marxistas, decidiram tornar-se antimarxistas profissionais, sendo que um deles, no decorrer de tal processo, chegou a descobrir que o próprio Karl Marx não era capaz de sustentar-se a si mesmo, esquecendo momentaneamente as gerações de autores que Marx "sustentou". Em situação tão delicada, posso apenas lembrar ao leitor uma declaração de Benjamin

---

3. H. Arendt, *A Condição Humana*, p. 70.

hannah arendt e karl marx: o mundo do trabalho

Constant, feita quando este se viu obrigado a atacar Rousseau: [...] "Evitarei decerto a companhia de detratores de um grande homem. Quando, por acaso, pareço concordar com eles em algum ponto, desconfio de mim mesmo; e, para consolar-me de haver aparentemente compartilhado de sua opinião [...] quero renegar e repudiar o mais possível esses pretensos colaboradores"[4].

Tendo como referência tais observações, o presente capítulo contrapõe o pensamento de Arendt ao pensamento do "Marx mais velho" – o "Marx cientista" ou o "economista mais velho", como essa pensadora se refere ao Marx de *O Capital*. E isso, não porque Arendt não tenha dirigido críticas ao velho Marx, cabendo salientar, aqui, que ela mesma afirmou que as três proposições-chave, estudadas no capítulo anterior – a valorização do labor como capacidade maior do homem, a identificação da ação com a violência, a realização da filosofia no mundo dos negócios humanos –, "subjazem e transcendem a parte estritamente científica de sua obra (e, como tal, permaneceram curiosamente as mesmas durante toda a sua vida, dos primeiros escritos ao último volume de *Das Kapital*)"[5]. É a partir das últimas obras de Marx que mais claramente delineia-se, entre o pensamento deste e o de Arendt, um espaço para a discussão da natureza da sociedade moderna. Assim, é a partir de *Elementos Fundamentales para la Crítica de la Economia Política (Grundrisse) 1857-1858,* os fundamentos de *O Capital*, que as obras de Marx serão consideradas no presente estudo – o primeiro volume de *O Capital* foi publicado pela primeira vez em 1867.

4. *Idem*, p. 89.
5. H. Arendt, "A Tradição e a Época Moderna", p. 48.

um confronto entre as perspectivas...

A análise a ser empreendida, no presente capítulo, coloca em confronto o pensamento de Arendt e o pensamento de Marx, a partir daqueles aspectos que são os mais relevantes para o objetivo último deste estudo, que é o de ampliar a compreensão a respeito da natureza do mundo do trabalho – o mundo moderno. Cada uma das seguintes seções estuda um aspecto da sociedade: na primeira seção, o estudo da esfera social, enquanto espaço dos homens isolados, tem como referência a ausência do mundo comum; na segunda seção, a acumulação de capital é contraposta à destruição da durabilidade do mundo; na última seção, o referencial para o estudo da abolição da necessidade é a ameaça à vida.

Antes de iniciar o capítulo propriamente dito, algumas questões a respeito do pensamento de Arendt, que são com alguma frequência objeto de polêmica, serão examinadas com a finalidade de esclarecer aspectos importantes para o estudo a ser realizado. Trata-se de quatro questões: inicialmente, da crítica que alguns autores fazem a Arendt a respeito de uma eventual arbitrariedade na distinção entre as atividades humanas; em segundo lugar, da existência de uma possível dicotomia entre as esferas pública e privada; em terceiro, da controvérsia criada por aqueles que acreditam que essa pensadora deseja reinventar a *polis* na atualidade e, finalmente, do posicionamento de Arendt em relação a uma eventual responsabilidade de Marx sobre os acontecimentos que tiveram lugar a partir da Revolução de 1917.

As atividades componentes da *vita activa* são tratadas, por alguns autores, como se estas fossem uma criação puramente teórica, de Arendt. Classificam as mesmas segundo uma graduação que tem como referencial a natureza e atribuem a essa pensadora uma tal

hannah arendt e karl marx: o mundo do trabalho

construção, desconsiderando que a valorização das atividades humanas pelos gregos resultava da maneira como estes situavam a si mesmos em meio à existência – frente aos deuses e à natureza[6]. Arendt enfatizou e sistematizou a distinção entre as três atividades com a finalidade de recuperá-las do esquecimento a que foram submetidas dentro da tradição de pensamento ocidental. Isso não significa que o homem que realiza determinada atividade encontre-se destituído das capacidades correspondentes a outras atividades. Para Arendt, as condições humanas foram dadas ao homem juntamente com a sua vida, independentemente da atividade que este realiza. Aquelas classificações denotam, assim, uma confusão entre as atividades componentes da *vita activa* e as capacidades humanas. Como observa Jacques Taminiaux, a respeito do estudo arendtiano das atividades componentes da *vita activa*, "todo homem é, em maior ou menor medida, *animal laborans* e, por suas aptidões pode

6. Segundo B. Parekh, "Arendt, ao tomar a natureza como ponto de referência, divide as atividades humanas em três categorias: primeiro, aquela em que o homem está perdido na natureza e não se distingue do animal; em segundo, aquela que o homem 'manda e governa' sobre a natureza e cria um mundo caracteristicamente humano; e em terceiro lugar aquela que o homem 'transcende' a natureza inteiramente" (B. Parekh, *Pensadores Políticos Contemporâneos,* p. 23). De acordo com A. Crespigny & K. Minogue, "o labor, o trabalho, e a ação [na obra de Arendt] não constituem apenas formas diferentes de atividade; também comportam uma escala na qual cada degrau assinala a conquista de um nível de percepção progressivamente ascendente. Ao pé da escada encontra-se o labor, ou seja, uma atividade que proporciona ao homem gozar um nível solipsístico e gregário de consciência. [...] Pelo trabalho, o homem emerge pela primeira vez à autoconsciência, ao se dar conta da diferença entre ele, sujeito, e o objeto dos seus esforços. [...] Devido a isto, ambos o labor e o trabalho ficam relegados ao que Arendt chama 'a esfera privada' da existência" (A. Crespigny, & K. Minogue, "Hannah Arendt: A Nostalgia Helênica e a Sociedade Industrial", *Filosofia Política Contemporânea*, Brasília, Editora da Universidade de Brasília, 1979, p. 272).

obter o status de *homo faber*; mas todo homem, em virtude de seu nascimento, é dado à ação, podendo, por isso mesmo, iniciar uma sequência absolutamente singular de eventos"[7]. É por isso que, para Arendt, todas as atividades têm, em si mesmas, algo de iniciativa. Na era moderna, com a perda do mundo comum, a capacidade de ação vem sendo canalizada pelo homem para a elevação da produtividade, através do desenvolvimento tecnológico, e para as descobertas científicas em geral. Enquanto atividade mesma e voltada, portanto, para o âmbito das relações humanas, a ação não encontra, no mundo moderno, um espaço próprio para poder realizar-se.

Arendt está preocupada com as atividades humanas e com as diferentes maneiras como estas se manifestaram historicamente – no espaço público e no espaço privado, na Antiguidade; na esfera privada, na Idade Média; na esfera social, no mundo moderno –, para desvendar, a partir das capacidades humanas, que correspondem a cada uma delas, "o que estamos fazendo". E "o que estamos fazendo" não se restringe ao estudo das três atividades humanas, em si mesmas, mas abrange as perplexidades de Arendt diante de fatos e de eventos presentes no mundo moderno: o totalitarismo, a sociedade de empregados sem emprego, a construção de bombas capazes de destruir a Terra, a fuga do homem em direção ao universo, a criação de vida em proveta.

Aquelas classificações escondem, também, uma confusão entre esfera privada e natureza. Na *polis*, esfera pública e mundo comum eram coincidentes, mas mundanidade e mundo não estavam res-

---

7. J. Taminiaux, "La vie de quelqu'un", *Les cahiers du grif*, n. 33, Paris, *Deuxtemps Tierce*.

hannah arendt e karl marx: o mundo do trabalho

tritos a essa esfera. Ainda que a propriedade privada guardasse o processo vital da família, ela era, também, uma construção dos homens. Na Antiguidade, a propriedade privada abrangia "o campo, a casa, dinheiro e escravos". Esse espaço era o lugar no mundo que cada homem possuía, juntamente com a sua família, estivesse este dedicado ao labor, ao trabalho ou à ação.

Parece que a confusão entre capacidades humanas e atividades humanas, bem como entre esfera privada e natureza, esconde o ponto de partida de alguns dos leitores de *A Condição Humana*: a busca, no pensamento arendtiano, da qualidade capaz de distinguir o homem dos animais. O esclarecimento dessa questão é importante, porque a atribuição a essa pensadora daquele tipo de classificação das atividades humanas introduz uma falsa contradição no pensamento de Arendt. Uma das principais críticas que ela fez ao pensamento tradicional refere-se, como se viu, à busca, por parte dos filósofos tradicionais, da capacidade verdadeiramente humana do homem – aquela que poderia diferenciar os homens dos animais e definir a natureza humana –, uma procura que restringe o leque e a importância das capacidades que o homem dispõe.

Outra crítica dirigida a Arendt é a de que ela introduziu uma dicotomia entre espaço público e espaço privado. De fato, dado o desaparecimento das fronteiras entre as esferas pública e privada na modernidade, Arendt enfatizou as diferenças entre espaço público e espaço privado, como forma de recuperar uma experiência que se perdeu e que é, por isso mesmo, difícil de ser apreendida em nossos dias. Do ponto de vista existencial, porém, espaço público e espaço privado representam, na obra de Arendt, uma unidade: é a futilidade do labor que move o homem para a esfera público-política e

um confronto entre as perspectivas...

esse é o motivo pelo qual Arendt se refere à fronteira entre espaço público e espaço privado ora como abismo ora como passagem. As duas esferas têm uma importância única para a existência humana, constituindo-se, cada qual, o lado obscuro e o lado luminoso da mesma[8]. As esferas pública e privada na análise arendtiana não são dicotômicas, e a contradição entre elas surge apenas no início da era moderna, quando a esfera social começa a crescer, um aspecto que será objeto de estudo no presente capítulo.

A privatividade era como que o outro lado escuro e oculto da esfera pública; ser político significava atingir a mais alta possibilidade da existência humana; mas não possuir um lugar próprio privado (como no caso do escravo) significava deixar de ser humano[9].

Além disso, Arendt não vê a *polis* como uma forma de organização a ser transposta para o futuro, como costumam sugerir alguns autores[10]. O que ela viu através da *polis* e o que a esfera social e a tradição não revelam é que a mundanidade e a pluralidade humana encontram um espaço cada vez menor para manifestarem-se no mundo moderno.

Com a secularização, abria-se, na era moderna, a possibilidade de instauração de um espaço público-político para o homem de

---

8. M. Molomb'Ebebe tem uma opinião diferente a esse respeito. Para ele, o labor não tem significado em relação ao caráter transcendente do mundo, de modo que, em seu trabalho, esse autor discute, apenas, o trabalho e a ação. M. Molomb'Ebebe, *Le paradoxe comme fondement et horizon du politique chez Hannah Arendt*, Belgique, De Boeck Université, 1997. A discussão a ser empreendida neste capítulo está em discordância com uma tal visão, como se verá.

9. H. Arendt, *A Condição Humana*, p. 74.

10. Estas referências dizem respeito a A. Crespigny & K. Minogue, *op. cit.*

hannah arendt e karl marx: o mundo do trabalho

ação: o homem colocava-se, mais uma vez, diante da sua própria mortalidade. A crença católica na vida depois da morte, que era uma barreira para que o indivíduo encontrasse algum sentido na realização de atividades voltadas para a imortalização, encontrava-se enfraquecida com a perda, pela Igreja, do domínio político.

O resgate da mortalidade absoluta, na era moderna, todavia, veio acompanhado da descrença na durabilidade do mundo, uma herança que o catolicismo deixou para a secularização e que não perdeu a sua força, já que a própria realidade incumbiu-se de oferecer um testemunho exemplar para a mesma: "a pilhagem da Cidade Eterna"[11]. Sem um mundo durável capaz de servir de testemunho para os grandes feitos dos homens, tornando-os, assim, imperecíveis, não faz qualquer sentido supor a instauração de um mundo comum fundado na atividade da imortalização.

Durante estas primeiras centúrias de nossa era a convicção de que as coisas terrestres são perecíveis permaneceu uma questão religiosa e constituía a crença daqueles que nada queriam ter a ver com negócios políticos. Isso mudou decisivamente com a crucial experiência da queda de Roma e a pilhagem da Cidade Eterna, após o que nenhuma era jamais acreditaria que um produto humano, e muito menos uma estrutura política, pudesse durar sempre[12].

Arendt nota, entretanto, que a perda da durabilidade do mundo não torna a mortalidade absoluta mais suportável para o homem, tendo sido necessário que alguns séculos se passassem até que

---

11. Arendt refere-se aos acontecimentos que tiveram lugar em Roma , no século V d.C.
12. H. Arendt, "O Conceito de História Antigo e Moderno", p. 106.

um confronto entre as perspectivas...

fosse encontrada uma forma para que o homem moderno pudesse conviver com a inevitabilidade de sua própria morte. Para Arendt, o calendário, tal como foi implantado no final do século XVIII e que coloca o nascimento de Cristo como um ponto de inflexão, entre um tempo sem começo e um tempo sem fim, deu sentido à um novo tipo de imortalidade, fundado, agora, na "imortalidade potencial da espécie" e expresso, também, no conceito de história como um processo, que se encontra assentado "na dúplice infinitude do passado e do futuro"[13]. A imortalidade conquistada pelo homem moderno é a imortalidade do *animal laborans* e a maneira como este se relaciona com esse tipo de imortalidade, como se verá, vem condicionando a maneira como situa-se em meio à existência.

> Hoje, é difícil entendermos que essa situação de mortalidade absoluta pudesse ser insuportável aos homens. [...] Nossa concepção de História, embora essencialmente uma concepção da era moderna, deve sua existência ao período de transição em que a confiança religiosa na vida imortal perdera sua influência sobre o secular e em que a nova indiferença face à questão da imortalidade ainda não nascera[14].

Arendt mostrou, assim, que o mundo comum, tal qual existiu na Antiguidade, uma vez fundado na busca da imortalização individual pelo homem e na crença na durabilidade do mundo, parece ser

---

13. *Idem*, p. 109. A contagem do calendário a partir do nascimento de Cristo tem lugar com Dionísio Exíguo, no século XVI, mas foi o calendário moderno que colocou o nascimento de Cristo como um ponto de inflexão (*idem*, p. 100).
14. *Idem*, p. 109.

hannah arendt e karl marx: o mundo do trabalho

irrecuperável no mundo moderno. Além disso, ela observou que os próprios gregos sabiam que a *polis* só poderia subsistir se mantivesse um número limitado de cidadãos, uma realidade que não pode, por isso mesmo, ser transposta, pura e simplesmente, para a moderna sociedade de massas.

> Os gregos, cuja cidade-estado foi o corpo político mais individualista e menos conformista que conhecemos, tinham plena consciência do fato de que a *polis*, com sua ênfase na ação e no discurso, só poderia sobreviver se o número de cidadãos permanecesse restrito[15].

Se isso não bastasse, Arendt insistiu, ainda e muitas vezes, que as teorias não podem mudar a realidade, já que essas mudanças só podem ocorrer através dos fatos e dos eventos, que têm lugar no mundo prático e na convivência entre os homens, de modo que ela não propõe soluções a respeito do que fazer, como ela mesma alertou, desde o prólogo de *A Condição Humana*.

Convém lembrar, finalmente, a título de esclarecimento que, conforme foi mencionado na introdução ao primeiro capítulo deste estudo, Arendt havia iniciado seus estudos, no começo da década de 1950, com o objetivo de identificar os aspectos que, presentes no pensamento de Marx, haviam sido utilizados ideologicamente pelo bolchevismo. Embora essa preocupação inicial de Arendt não coincida com os objetivos do presente trabalho, é importante esclarecer, em função dos estudos realizados até aqui, que, para essa pensadora, os "movimentos subterrâneos" que ti-

15. H. Arendt, *A Condição Humana*, p. 52.

um confronto entre as perspectivas...

veram lugar na Europa e que desembocaram no totalitarismo – o nazismo e a implantação do socialismo na União Soviética – não estiveram vinculados à tradição de pensamento ocidental. Como nota A. Duarte, a partir dessa consideração, Marx fica excluído de quaisquer vinculações com o totalitarismo[16]. Vale lembrar, nesse caso e mais uma vez, que, ainda que a filosofia política de Marx estivesse presente nos ideais que levaram à Revolução de 1917 e à implantação do socialismo na União Soviética, para Arendt, não são as ideias, e, sim, os atos e eventos que conformam e modificam a realidade.

---

16. A. Duarte, *O Pensamento à Sombra da Ruptura: Política e Filosofia na Reflexão de Hannah Arendt,* São Paulo, Tese de Doutorado/USP, p. 72. Para A. Duarte, todavia, se Arendt "recusou a acusação franca, para a qual teria de estabelecer vínculos necessários e diretos entre o marxismo, a tradição e as catástrofes políticas do presente histórico, nem por isto ela deixou de suspeitar da existência de vínculos indiretos entre aqueles três elementos, no seguinte sentido: as ideias de Marx , em sua relação com a própria tradição, facilitaram os desastres contemporâneos ao torná-los concebíveis, conferindo-lhes, inclusive, legitimidade intelectual" (*idem*, p. 73). A. Duarte chegou a essa conclusão a partir da última afirmação presente no seguinte trecho do manuscrito, escrito por Arendt no início dos anos cinquenta, mas não publicado, *Karl Marx and the Tradition of Western Political Thought* – uma entre três versões do mesmo manuscrito que encontra-se na Biblioteca do Congresso Norte-Americano, em Washington: "Tornou-se um modismo durante os últimos anos assumir uma linha contínua entre Marx, Lênin e Stalin, acusando-se assim a Marx de ser o pai da dominação totalitária. Muitos poucos dentre os que clamam por uma tal linha de argumento parecem estar conscientes de que acusar Marx de totalitarismo implica acusar a própria tradição ocidental de terminar necessariamente na monstruosidade desta nova forma de governo. Quem quer que toque em Marx toca a tradição do pensamento ocidental. O que é sério é que Marx, distintamente das fontes ideológicas verdadeiras do racismo nazista, pertence claramente à tradição do pensamento político ocidental. O marxismo como uma ideologia é sem dúvida a única ligação que vincula a forma totalitária de governo diretamente à tradição (*idem*, p. 66).

hannah arendt e karl marx: o mundo do trabalho

Responsabilizar os pensadores da idade moderna, especialmente os rebeldes contra a tradição do século XIX, pela estrutura e pelas condições do século XX é ainda mais perigoso que injusto. As implicações manifestas no evento concreto da dominação totalitária vão muito além das mais radicais ou ousadas ideias de quaisquer desses pensadores. A grandeza deles repousa no fato de terem percebido o seu mundo como um mundo invadido por problemas e perplexidades novas com os quais nossa tradição de pensamento era incapaz de lidar[17].

O ISOLAMENTO ENTRE OS HOMENS

Por ter buscado o passado na tradição mesma, Marx não pôde compreender, plenamente, segundo Arendt, a natureza da sociedade moderna: para ele, *social,* um termo que, como se viu, diz respeito à convivência gregária entre os homens, e *político,* termo que se refere à existência de um mundo comum, com origem na experiência e na palavra grega, *polis,* não estavam, historicamente, delimitados por fronteiras – a separação entre o espaço privado e o espaço público não era um referencial para ele. A falta desse referencial fez com que Marx olhasse a esfera social como uma forma natural de organização dos homens.

A confusão entre político e social é um erro que tem uma de suas origens na tradução de "político" como "social", um erro que a tradição incumbiu-se de preservar e que é, como nota Arendt, tão antigo "quanto a tradução latina de expressões gregas e sua adaptação ao pensamento romano-cristão"[18]. Deve-se considerar,

17. H. Arendt, "A Tradição e a Época Moderna", p. 54.
18. H. Arendt, *A Condição Humana*, p. 37.

um confronto entre as perspectivas...

todavia, que, na era moderna, esse erro foi reforçado com a ascensão da esfera social, pois, na própria realidade, a diferenciação entre espaço privado e espaço político tornou-se inicialmente difusa e vem sendo totalmente suprimida, com a extinção tanto do espaço privado quanto do espaço público.

Assim, nota Arendt, o que acabou sendo chamado de político, na era moderna, tem uma conotação totalmente diversa do sentido original: a política passou a ser entendida, em sentido restrito, como o meio de proteger a sociedade – o lugar em que "os interesses privados assumem importância pública"[19] –, um significado que tem sua origem, também, na esfera privada: na administração doméstica.

[Na *polis*] a política não podia, em circunstância alguma, ser apenas um meio de proteger a sociedade – uma sociedade de fiéis, como na Idade Média, ou uma sociedade de proprietários, como em Locke, ou uma sociedade inexoravelmente empenhada num processo de aquisição, como em Hobbes, ou uma sociedade de produtores, como em Marx, ou uma sociedade de empregados, como em nossa própria sociedade, ou uma sociedade de operários, como nos países socialistas e comunistas[20].

É por isso que, para Arendt, "o fato de que a política é apenas uma função da sociedade – de que a ação, o discurso e o pensamento são, fundamentalmente, superestruturas assentadas no interesse social, [...] uma das premissas axiomáticas que Marx recebeu, sem discutir, dos economistas políticos da era moderna"[21],

19. *Idem*, p. 45.
20. *Idem*, p. 40.
21. *Idem*, p. 42.

hannah arendt e karl marx: o mundo do trabalho

é uma "funcionalização" que está presente, de fato, na realidade – uma decorrência da ocupação do espaço público pelas atividades econômicas, aquelas atividades que, entre os antigos, estavam restritas ao espaço privado. É que a administração doméstica, ganhando o espaço público, transformou-se em "interesse 'coletivo' "[22].

Assim, Arendt está de acordo com Marx quanto ao fato de ser a sociedade moderna um espaço fundamentalmente voltado para as necessidades do homem. O que distancia essa pensadora de Marx é que enquanto as fronteiras entre os espaços público e privado constituem o mais importante referencial arendtiano para a compreensão da natureza da sociedade moderna, essas fronteiras não representam sequer uma questão para Marx. Arendt vê na esfera social uma ausência – a ausência daquelas fronteiras –, enquanto Marx nada vê: nem as fronteiras, porque essas praticamente inexistiam, em sua época, nem a ausência das mesmas, já que ele não dispunha do mesmo referencial utilizado por Arendt[23].

Essas duas formas distintas de ver a sociedade moderna são resultantes do tempo e do local diferenciados em que Arendt e Marx foram buscar as experiências capazes de lhes permitir compreender a realidade moderna. Enquanto Arendt buscou a experiência grega que é a origem da cultura ocidental, Marx posicionou-se na própria sociedade moderna.

---

22. *Idem, ibidem.*
23. A desconsideração pelas diferentes perspectivas adotadas por Arendt e por Marx limitou as análises de Parekh a respeito da crítica de Arendt a Marx. Ver B. Parekh, "Hannah Arendt's critique of Marx", *op. cit.*

um confronto entre as perspectivas...

Mas, se Arendt pôde movimentar-se em direção ao passado – à *polis* pré-filosófica – e Marx não, é porque, para essa pensadora, o homem moderno não é um exemplar mais evoluído frente ao homem grego da Antiguidade clássica nem a sociedade moderna é um estágio superior em relação à *polis* grega. Tendo adotado a Teoria da Evolução de Darwin como um pressuposto, Marx estava impedido de realizar um empreendimento similar ao de Arendt; para esse pensador, a sociedade moderna era o estágio mais avançado entre as sociedades que tinham encontrado um lugar na história – as formações sociais anteriores ou contemporâneas. Do ponto de vista arendtiano, essas formações sociais nada mais são do que a *esfera privada* historicamente considerada por Marx.

O seguinte trecho de *Para a Crítica da Economia Política*, que é de 1859, permite distinguir o lugar em que Marx se colocou para observar as "formações sociais", bem como verificar a similaridade que os termos "social" e "político" assumem no seu pensamento:

> Quanto mais se recua na História, mais dependente aparece o indivíduo, e portanto, também o indivíduo produtor, e mais amplo é o conjunto a que pertence. De início, este aparece de um modo ainda muito natural, numa família e numa tribo, que é família ampliada; mais tarde, nas diversas formas de comunidade resultantes do antagonismo e da fusão das tribos. Só no século XVIII, na "sociedade burguesa", as diversas formas do conjunto social passaram a apresentar-se aos indivíduos como simples meio de realizar seus fins privados, como necessidade exterior. Todavia, a época que produz este ponto de vista, o do indivíduo isolado, é precisamente aquela na qual as relações sociais (e, deste ponto de vista, gerais) alcançaram o mais alto grau de desenvolvimento. O homem é, no sentido

hannah arendt e karl marx: o mundo do trabalho

mais literal, um *zoon politikon*, não só animal social, mas animal que só pode isolar-se em sociedade[24].

Essa citação permite verificar que enquanto em Arendt é o passado que lança luz sobre o presente, em Marx é o presente que lança luz sobre o passado. A constatação dessa diferença é fundamental para o confronto a ser estabelecido entre as perspectivas de Arendt e de Marx.

Ainda que Arendt houvesse observado que o pensamento de Marx encontra-se assentado na teoria da evolução de Darwin, ela não considerou que havia um motivo adicional para Marx não ter visitado o passado pré-filosófico: para este, não fazia qualquer sentido ir à *polis* para ampliar a compreensão a respeito da sociedade moderna[25]. Essa falta de sentido Marx deixou claro no seguinte trecho:

Um homem não pode voltar a ser criança sem cair na puerilidade. Mas não acha prazer na inocência da criança e, tendo alcançado um nível superior, não deve aspirar ele próprio a reproduzir sua verdade? Em todas as épocas, o seu próprio caráter não revive na verdade natural da natureza infantil? Por que então a infância histórica da humanidade, precisamente naquilo em que atingiu seu mais belo florescimento, por que esta etapa

24. K. Marx, "Para a Crítica da Economia Política", em *Os Pensadores*, São Paulo, Abril Cultural, 1985, p. 104. Esse trecho é acompanhado da seguinte nota de rodapé, traduzida a partir da edição alemã: "*Zoon politikon* (ser social, animal social): Aristóteles (*De Republica*), Liv. I, cap. 2".

25. "É notável que a filosofia do trabalho de Marx tenha coincidido com as teorias da evolução e do desenvolvimento que floresceram no século XIX [...]. Engels logo percebeu esta coincidência, e chamava Marx de 'o Darwin da história'" (*A Condição Humana*, p. 128).

um confronto entre as perspectivas...

para sempre perdida não há de exercer um eterno encanto? Há crianças mal-educadas e crianças precoces. Muitos dos povos da Antiguidade pertencem a esta categoria. Crianças normais foram os gregos. O encanto que sua arte exerce sobre nós não está em contradição com o caráter primitivo da sociedade em que ela se desenvolveu. Pelo contrário, está indissoluvelmente ligado ao fato de as condições sociais insuficientemente maduras em que esta arte nasceu, e somente sob as quais poderia nascer, não poderão retornar jamais[26].

Assim, se a sociedade moderna, como negação do espaço da ação e da palavra é, para Arendt, um indício de que "o homem possa estar disposto e, realmente, esteja a ponto de tornar-se aquela espécie animal da qual, desde Darwin, presume que descende"[27], para Marx, essa mesma sociedade é o indício de que o fim da pré--história do homem está às vésperas de chegar ao fim, pois, para ele, esta é, historicamente, a mais desenvolvida organização social atingida, então, pelos homens. Enquanto, para Arendt, a experiência ocorrida na *polis* pré-filosófica tem o poder de iluminar o presente, em Marx "a Economia burguesa fornece a chave da Economia da Antiguidade", pois, assim como a "anatomia do homem é a chave da anatomia do macaco"[28], as categorias presentes na sociedade burguesa permitem "penetrar na articulação e nas relações de produção de todas as formas de sociedade desaparecidas"[29].

26. K. Marx, *Para a Crítica da Economia Política*, p. 125. A respeito da teoria da evolução no pensamento de Marx, ver J. Habermas, *Après Marx*, Paris, Hachette Littératures, 1997.
27. H. Arendt, *A Condição Humana*, p. 336.
28. K. Marx, *Para a Crítica da Economia Política*, p. 120.
29. *Idem, ibidem*. Em Engels, a ideia de que o homem tem sua origem no macaco e de que o trabalho criou o homem é bem menos sutil do que em Marx: "Nossos antecessores simiescos eram sociáveis. À primeira vista, é impossível admitir que o

hannah arendt e karl marx: o mundo do trabalho

Essa diferença entre o pensamento de Arendt e o de Marx foi demarcada quando ela afirmou que as condições humanas são dadas ao homem juntamente com a própria vida e quando afirmou, também, que os próprios gregos diferenciavam-se dos animais, por considerarem, a si mesmos, os únicos seres mortais – aqueles que, pela sua singularidade, não pertenciam à recorrência dos ciclos naturais. Para essa pensadora, a maneira como os homens se organizaram na Antiguidade não é nem menos nem mais desenvolvida do que a maneira como os homens se organizam no mundo moderno, pelo simples motivo de que o desenvolvimento e o progresso não são categorias presentes no pensamento arendtiano.

A medida do desenvolvimento da sociedade burguesa frente às demais formações sociais, é, para Marx, o isolamento entre os homens, que resulta da dissolução histórica do caráter gregário das organizações sociais anteriores; para ele, esse isolamento, presente na sociedade burguesa, reflete um estágio mais avançado na história do desenvolvimento da individualização do homem. Em Arendt, esse mesmo isolamento é o resultado da ocupação do espaço público pela atividade do labor, atividade que, anteriormente, havia se localizado sempre na esfera privada.

homem, o mais sociável dos animais, proceda de um antepassado direto insociável" [...] "Centenas de milhares de anos, na história da Terra (nada mais que um segundo na vida humana), seguramente se passaram antes que, de um bando de macacos que trepavam às árvores, surgisse uma sociedade de seres humanos. [...] E o que voltamos a encontrar como diferença característica entre aquele bando de macacos e o gênero humano? O *trabalho*". Esse trecho foi tirado do apêndice "Humanização do Macaco pelo Trabalho", constante da obra: F. Engels, *A Dialética da Natureza*, Rio de Janeiro, Paz e Terra, 1979, pp. 217 e 219.

um confronto entre as perspectivas...

A individualização, em Marx, nada tem em comum, portanto, com a individualidade de que trata Arendt. Para essa pensadora, a individualidade está assentada na pluralidade humana que, entre os homens, "é a paradoxal pluralidade de seres singulares"[30]. A individualidade de que trata Arendt é, portanto, aquela que se manifesta a partir do nascimento de uma pessoa e termina com a morte dessa mesma pessoa. A individualização, em Marx, realiza-se como a libertação histórica do homem dos laços que o prendem à comunidade, pois, segundo esse pensador, "originalmente, ele [o homem] se mostra um ser genérico, um ser tribal, um animal de rebanho"[31].

Assim, a individualidade, em Arendt, é a do homem de ação: manifesta-se através da iniciativa e da palavra e depende, para ser objetivada, da convivência entre os homens. A individualização, em Marx, é a do *animal laborans*: refere-se aos membros da espécie e manifesta-se por meio do isolamento entre os homens e da relação subjetiva que o indivíduo mantém consigo mesmo e que se manifesta na forma de interesses privados: "o ponto de vista do indivíduo isolado", conforme já citado anteriormente.

Pluralidade humana e isolamento entre os homens respondem pelo distanciamento entre os conceitos de individualidade e de individualização presentes no pensamento de Arendt e no de Marx, respectivamente. A análise do "individualismo moderno", em Arendt, todavia, permite uma aproximação entre as ideias dessa pensadora e as de Marx, ainda que o isolamento entre os homens,

---

30. H. Arendt, *A Condição Humana*, p. 189.
31. K. Marx, *Formações Econômicas Pré-capitalistas*, Rio de Janeiro, Paz e Terra, 1977, p. 90.

hannah arendt e karl marx: o mundo do trabalho

que é o fundamento do individualismo moderno, longe de expressar o progresso, nesse caso, represente, isso sim, um problema existencial para o homem moderno.

Para Arendt, o individualismo é a manifestação da principal característica do homem moderno: a alienação deste em relação ao mundo. Segundo ela, essa alienação é fruto das repercussões oriundas de mais de um evento pré-moderno: a descoberta da América e posterior exploração de todos os cantos da Terra pelo homem, a Reforma Protestante e, finalmente, a comprovação telescópica, por Galileu, de que é a Terra que gira em torno do Sol. Os descobrimentos marítimos, antes mesmo que a velocidade dos mais recentes meios de transporte eliminasse a importância das distâncias terrestres, permitiram que o homem se apossasse da Terra, através do cálculo e da redução de escalas das distâncias físicas da Terra, "a um tamanho compatível com os sentidos naturais e a compreensão do corpo humano"[32]. Uma tal diminuição, lembra Arendt, só pôde ser alcançada à custa do homem ter-se distanciado do seu ambiente e da própria superfície da Terra, pelo uso da sua capacidade de observação.

É próprio da natureza da capacidade humana de observação só poder funcionar quando o homem se desvencilha de qualquer envolvimento e preocupação com o que está perto de si, e se retira a uma distância de tudo o que o rodeia. Quanto maior a distância entre o homem e o seu ambiente, o mundo ou a Terra, mais ele pode observar e medir, e menos espaço mundano e terreno lhe restará[33].

32. H. Arendt, *A Condição Humana*, p. 263.
33. *Idem, ibidem.*

um confronto entre as perspectivas...

A Reforma Protestante que, ao expropriar os bens da Igreja, levou à inesperada expropriação das terras dos camponeses, representou "o fator isolado mais importante no colapso do sistema feudal"[34], ao colocar em movimento as condições que permitiram o surgimento da economia capitalista: a expropriação da propriedade privada e, ao mesmo tempo, o surgimento de homens com "mãos vazias".

> O original acúmulo de riqueza e a possibilidade de transformar essa riqueza em capital através do trabalho. Juntos, [...] constituíram as condições para o surgimento de uma economia capitalista[35].

Em que pese a importância das repercussões desse evento, tanto para a era moderna quanto para o mundo moderno, interessa ressaltar, no momento, a alienação do mundo que aquelas expropriações acabaram por engendrar ao privar o homem de um lugar no mundo: a propriedade privada, que é, para Arendt, "a mais elementar condição política para a mundanidade do homem"[36].

O uso do telescópio por Galileu esteve, também, na origem das repercussões que contribuíram para que o homem se afastasse do mundo, ao tornar possível que este, mesmo antes das viagens espaciais, passasse a observar a Terra a partir de um ponto qualquer no universo, situado fora da Terra – o ponto de vista sonhado por Arquimedes – e ao condicionar a fuga do homem moderno para

34. *Idem, ibidem.*
35. *Idem*, p. 267.
36. *Idem*, p. 265.

dentro de si mesmo, pela introspecção – o subjetivismo moderno, motivado pela mesma desconfiança no mundo e no universo que já havia assolado a filosofia cartesiana. A dúvida cartesiana apenas antecipou o subjetivismo do homem moderno; o subjetivismo inaugurado pela filosofia moderna e o subjetivismo do homem moderno são resultantes das repercussões oriundas do mesmo evento, com a diferença de que essas repercussões atingiram, em primeiro lugar e com séculos de antecedência, o pequeno círculo "limitado e politicamente insignificante dos doutos e eruditos"[37].

Seria realmente insensato ignorar a coincidência, quase demasiado precisa, da alienação do homem moderno com o subjetivismo da filosofia moderna. [...] Mas seria igualmente insensato acreditar que o motivo pelo qual o filósofo desviou sua atenção das antigas questões metafísicas e voltou-se para uma variedade de introspecções – a introspecção na direção do aparelho sensorial e cognitivo, da consciência e dos processos lógicos e psicológicos – tenha sido o impulso resultante de um desenvolvimento autônomo de ideias[38].

Assim, esses três eventos – a descoberta da América e exploração da Terra, um feito "dos grandes navegadores, exploradores e aventureiros do tempo das descobertas", a Reforma Protestante, que teve como agente Martim Lutero, e a descoberta do telescópio por Galileu Galilei –, encontram-se na origem das principais repercussões que marcaram o alheamento do homem moderno

37. *Idem*, p. 286.
38. *Idem*, p. 285.

um confronto entre as perspectivas...

frente ao mundo. Parece não ser demais lembrar, no entanto, que, como notou Arendt em várias ocasiões, esses atores só podem ser responsabilizados pelos seus atos e não pelas repercussões dos mesmos e nem mesmo pelos resultados últimos de tais desdobramentos, quando esses vierem a se consumar, já que são muitos e anônimos os participantes que, ao darem andamento aos processos oriundos desses três eventos, tornaram-se os autores dos mesmos.

Não são eventos modernos tal como os conhecemos desde a Revolução Francesa; e, embora não possam ser explicados por alguma corrente de causalidade, como nenhum evento pode sê-lo, continuam a desenrolar-se ainda hoje em perfeita continuidade na qual podemos identificar precedentes e predecessores[39].

A alienação frente ao mundo, no pensamento arendtiano, pode ser vista, assim, de mais de uma perspectiva e significa que o homem perdeu o mundo circundante como lugar de interesse, perdeu a propriedade privada como lugar no mundo e perdeu o mundo comum como espaço para a manifestação da sua própria singularidade. Essas perdas fizeram do homem moderno uma presa da sua própria singularidade ao condicionarem a sua "fuga do mundo exterior como um todo para a [sua] subjetividade interior"[40].

Assim, a esfera social é um espaço que os homens ocupam mas não compartilham entre si; nesse espaço, os homens são "seres inteiramente privados, isto é, privados de ver e ouvir os outros e

39. *Idem*, p. 260.
40. *Idem*, p. 79.

privados de ser vistos e ouvidos por eles"[41]. É por isso que a singularidade de cada homem não encontra, na esfera social, espaço para manifestar-se: para que a identidade de um homem possa objetivar-se é necessário que ela seja testemunhada por outros no espaço da convivência.

Embora Marx não pudesse ter assistido a outros desdobramentos dos três eventos pré-modernos mencionados por Arendt, ou à realização das leis de movimento do capitalismo no mundo moderno, segundo a sua própria maneira de compreender a evolução da sociedade moderna, o isolamento entre os homens levou ao conformismo moderno: o fenômeno "característico do último estágio dessa evolução moderna"[42]. É que a esfera social tende a "normalizar", por meio de regras, o indivíduo, levando-o a comportar-se ao invés de agir, suprimindo, dessa forma, "a ação espontânea ou a reação inusitada"[43]. Esse fenômeno tem como fundamento a unicidade da humanidade:

> O surgimento da sociedade mudou a avaliação de toda essa esfera, mas não chegou a transformar-lhe a natureza. O caráter monolítico de todo tipo de sociedade, o conformismo que só dá lugar a um único interesse e uma única opinião, tem suas raízes últimas na unicidade da humanidade[44].

Assim, o isolamento entre os homens, que, como se viu, é, para Marx, o resultado da libertação do homem em relação à co-

41. *Idem*, p. 67.
42. *Idem*, p. 50.
43. *Idem, ibidem*.
44. *Idem*, p. 55.

um confronto entre as perspectivas...

munidade, de modo que o homem, a partir de um tal isolamento, passa a defender os seus próprios interesses privados, não chegou a constituir-se, para Arendt, numa tal "libertação". Para ela, "a sociedade exige sempre que os seus membros ajam como se fossem membros de uma enorme família dotada apenas de uma opinião e de um único interesse"[45]. A diferença entre os homens que vivem em sociedade e aqueles que conviviam de maneira gregária na esfera familiar é que o interesse dos indivíduos isolados em sociedade é um mesmo interesse, muitas vezes multiplicado.

Quando já não se pode discernir a mesma identidade do objeto, nenhuma natureza humana comum, e muito menos o conformismo artificial de uma sociedade de massas, pode evitar a destruição do mundo comum, que é geralmente precedida pela destruição dos muitos aspectos nos quais ele se apresenta à pluralidade humana. Isto pode ocorrer nas condições do isolamento radical, no qual ninguém mais pode concordar com ninguém, como geralmente ocorre nas tiranias; mas pode também ocorrer nas condições da sociedade de massas ou de histeria em massa, onde vemos todos passarem subitamente a se comportar como se fossem membros de uma única família, cada um a manipular e prolongar a perspectiva do vizinho[46].

A compreensão de que a esfera social é o espaço em que vivem os homens isolados é, assim, uma intersecção entre o pensamento de Arendt e o pensamento de Marx. Um tal isolamento, todavia, tem sentido e significado diferentes para um e outro pensador. A

---

45. *Idem*, p. 49.
46. *Idem*, p. 67.

próxima seção procura delinear melhor esse espaço, ao investigar a perda do mundo durável que vem se processando com a vitória da sociedade moderna.

A ACUMULAÇÃO DE CAPITAL

O ponto de vista social "é idêntico à interpretação que nada leva em conta a não ser o processo vital da humanidade"[47], e é desse ponto de vista, nota Arendt, que Marx observa a realidade moderna. Dessa ótica, a objetividade do mundo e a qualidade mundana das coisas não são tomadas em consideração; todas as coisas são vistas como bens de consumo e quaisquer diferenças entre esses bens e os objetos de uso desaparecem. É que do ponto de vista da sobrevivência individual e da reprodução da espécie só interessa a abundância – para o *animal laborans*, "o único critério de distinção [...] é a abundância ou escassez de bens que alimentam o processo vital"[48].

Como se viu, o labor, segundo Arendt, ocupou o espaço público na era moderna, e com o advento da grande indústria a produção generalizou-se enquanto produção de bens de consumo. Assim, quando Arendt afirma que Marx viu a realidade moderna a partir de uma perspectiva que leva em conta apenas o processo vital da sociedade, isso não significa que Marx tenha se equivocado a respeito do que viu; significa, isso sim, que o mundo construído pelos homens não esteve entre as preocupações desse pensador: "a questão da existência separada de coisas mundanas, cuja durabili-

47. *Idem*, p. 100.
48. *Idem*, p. 120.

um confronto entre as perspectivas...

dade sobrevive e suporta os processos devoradores da vida, jamais lhe ocorreu [a Marx]"[49].

A importância de um mundo construído pelo homem pode ser percebida, como observa Arendt, a partir da diferença que existe entre chegar a um mundo que é a morada dos homens – um mundo permanente, que sobrevive "ao advento e à partida das gerações"[50] – e chegar à Terra como participante da recorrência do ciclo vital – submetido à inconstância dos processos naturais. Sem um mundo para se chegar e para dele partir, nascimento e morte perdem o sentido existencial que têm para o homem: do ponto de vista da espécie interessa, apenas, a reposição constante de seus membros.

Da perspectiva da sociedade, que não leva em conta o desaparecimento das fronteiras entre o espaço privado e o espaço público, não existem quaisquer considerações a respeito do sentido do artefato humano, enquanto lar que o homem constrói para "sentir-se à vontade na Terra". Daquela ótica, a permanência, a durabilidade e a familiaridade que o artefato humano empresta "à futilidade da vida mortal e ao caráter efêmero do tempo humano" são fenômenos inexistentes.

O desaparecimento do abismo entre as esferas pública e privada, um fenômeno essencialmente moderno, está associado à destruição do mundo durável: o crescimento da esfera social se dá às custas dessa destruição. Por constituir-se, no entanto, como ausência, aquele fenômeno é de difícil compreensão nos dias de hoje.

49. *Idem, ibidem.*
50. *Idem*, p. 65.

hannah arendt e karl marx: o mundo do trabalho

O que nos interessa neste contexto é a extraordinária dificuldade que, devido a esse fato novo [a ascendência da esfera social], experimentamos em compreender a divisão decisiva entre as esferas pública e privada [...] e finalmente entre as atividades pertinentes a um mundo comum e aquelas pertinentes à manutenção da vida, divisão esta na qual se baseava todo o antigo pensamento político, que a via como axiomática e evidente por si mesma[51].

O abismo que os antigos precisavam atravessar, ao transitarem do espaço privado para o espaço público, e que era uma passagem das trevas privadas para o esplendor público, esteve presente, também, na Idade Média, ainda que um tal abismo não fosse, aí, uma passagem da esfera familiar para a esfera política e, sim, uma passagem do oculto secular para o esplendor sagrado. Para Arendt, ainda que não se possa falar, com rigor, da existência de uma esfera público-política na Idade Média, já que o plano religioso refere-se à vida extraterrena e é um espaço não-mundano, a Igreja era, de fato, então, a concessora da cidadania a cada homem.

As atividades componentes da *vita activa* estavam restritas, na Idade Média, à esfera privada, que apresentava aspectos distintos da esfera privada dos antigos. A justiça, diferentemente daquela que era estabelecida pelo chefe de família, era administrada na forma de leis pelo senhor feudal e as relações humanas, por sua vez, encontravam-se ajustadas ao molde familiar. Para Arendt, esse caráter singular da esfera privada repercutiu, posteriormente, sobre a própria organização das cidades que floresceram na Idade Média,

51. *Idem*, p. 37.

um confronto entre as perspectivas...

de modo que as relações familiares presentes na esfera privada medieval podem ser percebidas a partir das organizações profissionais:

[...] nos *guilds, confrèries* e *compagnons* – e até mesmo nas primeiras companhias comerciais, nas quais "o lar comum original parecia estar implícito na própria palavra 'companhia' (*companis*) ... (e) em expressões como 'aqueles que comem do mesmo pão', 'homens que compartilham do mesmo pão e do mesmo vinho'"[52].

É nas cidades medievais, no período que antecede o advento da sociedade comercial e das manufaturas, que tem lugar, segundo Arendt, o último espaço público do *homo faber*. A produção de objetos de uso sempre teve como fonte a capacidade humana de trocar e de comercializar, de modo que essa capacidade, que pertence ao âmbito da ação, encontra-se naturalmente associada à atividade do *homo faber*. Nessas cidades, no entanto, o próprio produtor encarregava-se de vender os seus produtos no mercado, exibindo, aí, a sua atividade, o seu talento e as suas qualidades como produtor. É isso que distingue o mercado do *homo faber* do mercado presente nas sociedades comerciais e manufatureiras do início da era moderna; nestas últimas,

---

52. *Idem*, p. 44. As citações de Arendt nesse trecho referem-se à obra de W. J. Ashley, *An Introduction to English Economic History and Theory*. Arendt nota que "não é surpreendente, portanto, que o pensamento medieval, preocupado exclusivamente com o secular, tenha permanecido ignorante do abismo entre a vida resguardada do lar e a impiedosa vulnerabilidade da vida na *polis* e, consequentemente, da virtude da coragem como uma das atitudes políticas mais elementares" (*A Condição Humana*, p. 45). Segundo Arendt, apenas Maquiavel mostrou conhecimento a respeito de um tal abismo.

hannah arendt e karl marx: o mundo do trabalho

[...] as pessoas que se encontravam umas com as outras no mercado de trocas já não eram os próprios fabricantes e não se encontravam como pessoas, mas como donos de mercadorias e de valores de troca, como foi abundantemente demonstrado por Marx[53].

Aquele espaço público do *homo faber*, presente nas primeiras cidades medievais, é apolítico porque, como já mencionado, o *homo faber* relaciona-se com as pessoas por meio de coisas. Esses mercados correspondem aos logradouros públicos – a *agora* – existentes em diversas comunidades apolíticas da Antiguidade, onde o *homo faber* exibia, então, o seu produto e a sua atividade.

O logradouro público, a *agora*, não constituía lugar de encontro para os cidadãos, e sim mercado no qual os artífices podiam exibir e trocar produtos[54].

Da "produção ostensiva" presente naquelas cidades medievais surgiu a sociedade comercial e posteriormente as manufaturas "com o seu concomitante apetite de possibilidades universais de barganha e troca"[55]. Com as manufaturas, como se viu, a produção voltou-se primordialmente para o mercado, embora essa produção fosse, ainda, uma produção de objetos de uso.

Essa narração histórica tem alguma similaridade com aquela elaborada por Marx e isso não é apenas uma impressão, uma vez que Arendt utiliza a obra desse pensador como uma fonte, entre outras,

53. *Idem*, p. 175.
54. *Idem*, p. 173.
55. *Idem*, p. 175.

164

um confronto entre as perspectivas...

para a análise do período que inaugura a sociedade moderna, uma provável consequência do aspecto, por ela mesma ressaltado, de ter sido esse pensador o maior fatualista entre os historiadores modernos. A narração parece semelhante, também, por outro motivo: Arendt segue os passos de Marx no estudo do período, com a finalidade de contrapor o seu próprio ponto de vista à perspectiva desse pensador. Cessam aí, no entanto, as similaridades entre as narrações históricas elaboradas por um e outro pensador. A principal diferença é que enquanto Marx está preocupado com o processo de acumulação de capital, Arendt está interessada na destruição da objetividade do mundo durável construído pelo homem, vinculada à destruição das fronteiras que separavam o espaço público do espaço privado.

Para essa pensadora, a sociedade moderna já nasce assentada na destruição da durabilidade do mundo, uma vez que esse nascimento é fruto da expropriação dos camponeses, uma das repercussões oriundas da Reforma Protestante.

O enorme acúmulo de riqueza ainda em curso na sociedade moderna, [...] que teve início com a expropriação – o esbulho das classes camponesas que, por sua vez foi consequência quase acidental da expropriação de bens monásticos e da Igreja após a Reforma – jamais demonstrou grande consideração pela propriedade privada; ao contrário, sacrificava-a sempre que ela entrava em conflito com o acúmulo de riqueza[56].

Antes de Arendt, Marx já havia ressaltado a expropriação dos homens como condição para o surgimento da sociedade capitalista.

56. *Idem*, p. 76.

Para ele, essa expropriação é o resultado de um confronto entre o comércio e a solidez dos modos de produção sobre os quais age o capital mercantil. Dependendo da solidez da estrutura de determinado modo de produção, o capital comercial pode fazer avançar o processo de individualização do homem e pode, ao mesmo tempo, pela sua capacidade expropriativa, alcançar uma magnitude capaz de dar origem à produção industrial, como aquela que inaugurou o sistema capitalista.

A troca, em si, é um agente principal desta individualização. Torna supérfluo o caráter gregário e o dissolve[57].

De acordo com Marx, a dissolução do sistema feudal, para a qual o capital mercantil constituiu-se como um dos mais importantes agentes, condicionou o aparecimento da pequena produção independente voltada, então, não mais para a produção de valores de uso, mas para a produção de valores de troca. Essa forma de produção, que significou, provavelmente, para Marx, um passo adiante no processo histórico de individualização do homem, possibilitou a ação expropriativa das "formas antediluvianas" de capital – o capital mercantil e o seu "irmão gêmeo"[58], o capital usurário – contra os pequenos produtores independentes: os artífices presentes nas cidades e os pequenos produtores rurais. Além do capital comercial e usurário, atuaram, nesse mesmo sentido, fato-

---

57. K. Marx, *Formações Econômicas Pré-capitalistas*, p. 90.
58. K. Marx, *O Capital*, Rio de Janeiro, Civilização Brasileira, 1980, Livro III, vol. 5, p. 680. "O capital usurário pertence como o irmão gêmeo, o capital mercantil, às formas antediluvianas de capital."

um confronto entre as perspectivas...

res que são, segundo Marx, extraeconômicos, uma vez fundados na violência e no poder do Estado e que facilitaram o movimento do capital comercial.

O resultado desse processo é o mesmo obtido a partir das repercussões oriundas da Reforma Protestante, segundo o pensamento arendtiano. Para Marx, aquele é o processo que coloca sob o mesmo teto o capital industrial e o trabalhador – o homem que foi separado dos seus meios de subsistência e de trabalho. Para Arendt, as repercussões daquele evento fez aparecer o "homem de mãos vazias", bem como a riqueza que o emprega. Mas a diferença fundamental entre Arendt e Marx, nesse caso, são os locais de onde vêm e nos quais aparecem a riqueza e os homens desapossados: para Arendt, esse aparecimento se dá no espaço público como decorrência de um fenômeno que ocorre na esfera privada; para Marx, a reunião entre capital e trabalho se dá na sociedade e é o resultado de um processo que se constitui como passagem entre uma formação social e outra.

Tanto para Marx quanto para Arendt, portanto, a sociedade moderna foi edificada a partir de um roubo; para essa pensadora, porém, as ruínas sobre as quais se ergue a sociedade moderna têm um sentido existencial para o homem, já que esses escombros são os da esfera privada e, portanto, os da propriedade privada – o lugar em que os homens abrigavam o processo vital familiar. Por ter identificado propriedade com riqueza, as ruínas da expropriação não estiveram entre as preocupações de Marx. E, de fato, observa Arendt, antes mesmo da vitória da sociedade, a partir da revolução industrial, a propriedade privada, assim como todas as coisas, transformou-se em riqueza.

hannah arendt e karl marx: o mundo do trabalho

A dissolução desta esfera [privada] e sua transformação em esfera social pode ser perfeitamente observada na crescente transformação da propriedade imóvel em propriedade móvel, ao ponto em que a distinção entre propriedade e riqueza, entre os *fungibiles* e os *consumptibiles* da lei romana, perde toda a sua importância, de vez que toda coisa tangível, "fungível" passa a ser objeto de "consumo"; perde seu valor de uso privado, antes determinado por sua localização, e adquire valor exclusivamente social, determinado por sua permutabilidade constantemente mutável, cuja própria flutuação só temporariamente pode ser fixada através de uma conexão com o denominador comum do dinheiro[59].

Antes da era moderna, no entanto, a propriedade privada tinha um caráter sagrado. "Não possuir um lugar próprio e privado (como no caso do escravo) significava deixar de ser humano."[60] De acordo com Fustel de Coulanges, a propriedade privada incluía, então, "o campo, a casa, dinheiro e escravos"; era a propriedade privada que dava sentido à família, uma vez que ela não era vista

[...] como ligada à família; pelo contrário, "a família é ligada ao lar, o lar é ligado à terra". O importante é que "a fortuna é imóvel como o lar e o túmulo aos quais está vinculada. O homem é que passa e morre"[61].

Antes da era moderna, que começou com a expropriação dos pobres e em seguida passou a emancipar as novas classes destituídas de propriedades, todas as civilizações tiveram por base o caráter sagrado da propriedade privada. A riqueza, ao contrário, fosse de propriedade de um indivíduo ou publi-

---

59. H. Arendt, *A Condição Humana*, p. 79.
60. *Idem*, p. 74.
61. *Idem*, p. 71. As citações que Arendt faz pertencem a obra: F. Coulanges, *The Ancient City*, Anchor, 1956.

um confronto entre as perspectivas...

camente distribuída, nunca antes fora sagrada. Originalmente, a propriedade significava nada mais nada menos que o indivíduo possuía seu lugar em determinada parte do mundo e portanto pertencia ao corpo político, isto é, chefiava uma das famílias que, no conjunto, constituíam a esfera pública[62].

Para Arendt, a transformação da propriedade privada em riqueza parece estar na origem do enigma que envolve o fenômeno do desenvolvimento industrial apenas na era moderna. O mais importante interlocutor de Arendt, nesse caso, é Marx, embora ela não explicite isso. Esse enigma encontra-se em uma das passagens mais conhecidas da obra de Marx:

> É evidente que o comércio se apoia no desenvolvimento urbano e que este reciprocamente é condicionado pelo comércio. Entretanto, até que ponto surge aí um desenvolvimento industrial paralelo depende de outras circunstâncias bem diversas. Na Roma antiga, já nos fins do período republicano, o capital mercantil chegou a nível que nunca atingira antes no mundo antigo, sem que houvesse progresso industrial. Já em Corinto e noutras cidades gregas da Europa e da Ásia Menor, grande progresso em atividades industriais acompanha o desenvolvimento do comércio. Por outro lado, o espírito comercial e o desenvolvimento do capital mercantil aparecem em povos nômades, contrariando o pressuposto do desenvolvimento urbano com as condições correspondentes[63].

Para Marx, a solução de um tal enigma esteve vinculada à solidez da estrutura do modo de produção sobre a qual o capital comercial agia dissolutivamente. Marx não associou, no entanto,

---

62. *Idem, ibidem.*
63. K. Marx, *O Capital*, Livro III, vol. 5, p. 383.

uma tal solidez ao sentido que a propriedade privada tinha para os homens, antes do período imediatamente anterior ao nascimento da sociedade capitalista. Além da identificação entre propriedade privada e riqueza, Marx esteve às voltas com um tal enigma, porque a ideia de solidez da estrutura de um modo de produção frente ao outro contém a ideia de progresso, que guia a interpretação histórica elaborada por ele.

> O comércio [...] exerce sempre ação mais ou menos dissolvente sobre as organizações anteriores de produção, as quais em todas as suas diversas formas se guiam essencialmente pelo valor-de-uso. Até onde vai essa ação dissolvente depende, antes de mais nada, da solidez e da estrutura interna do antigo modo de produção. E o que resultará desse processo de dissolução, isto é, qual será o novo modo de produção que substituirá o antigo, depende não do comércio, mas do caráter do próprio modo antigo de produção[64].

O sentido de posse de um lugar no mundo que tinha a propriedade privada antes da era moderna constituía os limites entre as esferas pública e privada. Com a posterior identificação da propriedade com riqueza, aquele sentido da apropriação privada passou a ser pouco compreendido.

O que impediu que a *polis* violasse as vidas privadas dos seus cidadãos e a fez ver como sagrados os limites que cercavam cada propriedade não foi o respeito pela propriedade privada tal como a concebemos, mas o fato de que, sem ser dono de sua casa, o homem não podia participar

64. *Idem*, p. 382.

um confronto entre as perspectivas...

dos negócios do mundo porque não tinha lugar algum que lhe pertencesse[65].

Assim, o que ocorreu, na era moderna, foi a "evaporação social do tangível", a propriedade de uma pessoa passou a estar localizada na riqueza que ela dispunha. Essa transformação da propriedade em riqueza e a ocupação do espaço público pela mesma abalaram as fronteiras entre a esfera pública e a esfera privada, bem como levaram à posterior eliminação dessas esferas: "a esfera pública porque se tornou função da esfera privada, e a esfera privada porque se tornou a única preocupação comum que sobreviveu"[66].

Antes de desaparecerem, todavia, essas esferas tornaram-se contraditórias entre si. Arendt observa que esse fato causou algumas dificuldades para Marx. Inicialmente, ao deixar a esfera privada e conquistar o espaço público, a riqueza permaneceu privada, de modo que o governo moderno foi estabelecido com a função de "proteger uns dos outros os proprietários privados na luta competitiva por mais riqueza"[67]. Essa luta competitiva tinha como objetivo, segundo Arendt, a preservação da durabilidade e da permanência da riqueza, durabilidade e permanência que, antes da transformação da propriedade em riqueza, estava localizada na posse de um lugar fixo no mundo. A durabilidade que pode ter a riqueza, no entanto, é precária, pois, ainda que esta pudesse suprir muitas vezes uma vida individual, e até a vida de toda a família, ela era, então, como

65. H. Arendt, *A Condição Humana*, p. 39.
66. *Idem*, p. 79.
67. *Idem, ibidem*.

hannah arendt e karl marx: o mundo do trabalho

observa aquela pensadora, uma riqueza destinada ao consumo ou ao uso e, assim, ao perecimento.

A riqueza comum, portanto, jamais pode tornar-se comum no sentido que atribuímos ao mundo comum; permaneceu – ou antes, destinava-se a permanecer – estritamente privada. Comum era somente o governo, nomeado para proteger uns dos outros os proprietários privados na luta competitiva por mais riqueza. A contradição óbvia deste moderno conceito de governo, onde a única coisa que as pessoas têm em comum são os seus interesses privados, já não deve nos incomodar como ainda incomodava Marx[68].

Arendt pretende mostrar que o caráter sagrado da riqueza é um fenômeno que aparece apenas na sociedade moderna e que aquela luta entre interesses privados que antecede o advento da grande indústria está fundada na tentativa de substituição da segurança, perdida com a transformação da propriedade em riqueza, pela acumulação de mais riqueza. Para ela, portanto, a troca, que é inerente à atividade do *homo faber*, como se viu, nada tem em comum com a luta por mais riqueza que ocorre no início da era moderna e que é movida com a finalidade de preservar, através da acumulação de riqueza, a segurança perdida com a transformação das coisas em valores. Para Arendt, o egoísmo não é nem o móvel das trocas realizadas pelo *homo faber* nem o fundamento da luta por mais riqueza que ocorreu quando a riqueza transformou-se em propriedade.

Teoricamente, o ponto crucial, no qual se deu a mudança a partir da insistência na vida "egoísta" do indivíduo, nos primeiros estágios da era

---

68. *Idem, ibidem.*

um confronto entre as perspectivas...

moderna, para a ênfase posterior sobre a vida "social" e sobre o "homem socializado" (Marx), ocorreu quando Marx transformou a noção mais grosseira da economia clássica – de que todos os homens, quando agem, fazem-no por interesse próprio – em forças de interesse que informam, movimentam e dirigem as classes da sociedade, e através de conflitos dirigem a sociedade como um todo[69].

Posteriormente, com a vitória da sociedade, que não é nem pública nem privada, mas, sim, o lugar em que a riqueza transformou-se em capital, "cuja função é gerar mais capital", os interesses privados transformaram-se, segundo Arendt, em um único interesse. É que a segurança do mundo passou a ser buscada no processo de acumulação de capital, que "igualou ou emulou a permanência inerente ao mundo compartilhado por todos"[70], já que esse processo, que é um processo social, submeteu a si a valorização das riquezas privadas. A durabilidade oriunda da acumulação de capital alcançou, assim, toda a esfera social; uma tal durabilidade, todavia, por ser a durabilidade de um processo, encontra-se sempre ameaçada de destruição por quaisquer interrupções que possam vir a paralisá-lo.

Essa permanência contudo é de outra natureza: é a permanência de um processo e não a permanência de uma estrutura estável. Sem o processo de acumulação, a riqueza recairia imediatamente no processo oposto de desintegração através do uso e do consumo[71].

69. *Idem*, p. 334.
70. *Idem*, p. 79.
71. *Idem, ibidem.*

hannah arendt e karl marx: o mundo do trabalho

Deixando de lado o movimento dialético construído por Marx para o estudo das determinações do dinheiro e que tem como ponto de partida a mercadoria, como uma unidade de contradição entre valor de uso e valor de troca, e que desenvolve-se até alcançar a forma capital, adquirindo, então, "a propriedade de gerar mais valor"[72], a análise arendtiana da acumulação de capital corresponde à análise de Marx que trata do advento da grande indústria, o momento em que a indústria "ergueu-se sobre os seus próprios pés"[73] – uma referência desse pensador à produção de máquinas por meio de máquinas.

A autonomia do processo de acumulação de capital esteve assentada, segundo Arendt, na instauração pelo labor – "a mais privada de todas as atividades humanas" – de sua própria esfera pública: a esfera social. Só a atividade do labor pode constituir-se como processo, já que ela corresponde ao ciclo vital da humanidade. A emancipação do labor ocorre quando toda a produção se

72. K. Marx, *O Capital*, Livro I, vol. 1, p. 174. Para um estudo das determinações do dinheiro em Marx, ver *Elementos Fundamentales para la Crítica de la Economia Política*. Para Arendt a dialética de Hegel e de Marx assenta-se num preconceito filosófico que acredita que o bem advém do mal: "A grande confiança de Hegel e Marx no 'poder de negação' dialética – em virtude da qual os opostos não se destroem, mas desenvolvem-se suavemente, transformando-se um no outro, pois as contradições promovem o desenvolvimento ao invés de paralisá-lo – assenta-se em um preconceito filosófico muito mais antigo: o de que o mal não é mais do que um *modus* privativo do bem, de que o bem pode advir do mal; de que, em síntese, o mal é apenas a manifestação temporária de um bem ainda oculto. Tais opiniões, desde há muito veneradas, tornaram-se perigosas. São compartilhadas por muitos que jamais ouviram falar em Hegel ou Marx, pela simples razão de que elas inspiram esperança e dissipam o medo" (*Sobre a Violência*, p. 44).
73. K. Marx, *O Capital*, Livro I, vol. 1, p. 438.

um confronto entre as perspectivas...

transforma em produção para o consumo, de modo que o processo de acumulação de capital é, como Marx afirmou, "realmente o 'processo vital da sociedade'"[74].

Assim, Arendt não rejeita a interpretação de Marx, fundada na abundância da sociedade capitalista. Para essa pensadora, a acumulação de capital faz parte da natureza dessa sociedade, como salientou Marx. Se Marx não pôde perceber outros aspectos dessa realidade é porque ele acreditou que a sociedade era, ainda, como no início da era moderna, o espaço do *homo faber*. Essa incompreensão tem origem, como se viu, na indistinção entre labor e trabalho, uma indiscriminação que induziu Marx a identificar a produção industrial de bens de consumo com a produção do *homo faber*. Para esse pensador, a diferença entre os bens de consumo e os objetos de uso restringe-se a uma questão de grau, de modo que o sentido diferenciado que têm os mesmos para a existência do homem não pode aparecer em suas análises.

Parece que a distinção entre labor e trabalho, que os nossos teoristas tão obstinadamente desprezaram e nossas línguas tão aferradamente conservaram, torna-se realmente apenas uma diferença de grau quando não se leva em conta o caráter da coisa produzida – sua localização, sua função e a duração de sua permanência no mundo. A distinção entre um pão, cuja "longevidade" no mundo dificilmente ultrapassa um dia, e uma mesa, que pode facilmente sobreviver a gerações de convivas, é sem dúvida muito mais óbvia e decisiva que a diferença entre um padeiro e um carpinteiro[75].

74. H. Arendt, *A Condição Humana*, p. 268.
75. *Idem*, p. 105.

Nem a produção nem o mercado, na sociedade moderna, são, para Arendt, espaços do *homo faber*. A produção, como se viu, é uma produção de bens de consumo e o mercado encontra-se em extinção: o que existe é só consumo. É preciso esclarecer, no entanto, que, quando Arendt aponta o mercado do *homo faber* como o "mercado de trocas", ela não está se referindo à troca direta de mercadorias, isto é, à ausência do dinheiro; o que ela deseja enfatizar é que o mercado de trocas do *homo faber* é o mercado onde se comercializam coisas duráveis e onde o talento do fabricante é levado em consideração. Essa pensadora não está preocupada em reproduzir o estudo das determinações do dinheiro, já realizado por Marx. Ela refere-se à teoria do valor, como se verá na próxima seção, apenas quando tem a necessidade de ressaltar aspectos da realidade que passaram despercebidos por Marx.

A troca em si já pertence ao campo da ação, e não é de modo algum mero prolongamento da produção; menos ainda é mera função de processos automáticos, como a compra de alimentos e de outros bens de consumo a que o labor está necessariamente sujeito. A afirmação de Marx de que as leis econômicas são como leis da natureza, de que não são feitas pelo homem para regular os atos livres da troca, mas são funções das condições produtivas da sociedade como um todo, só é correta numa sociedade de operários, onde todas as atividades são rebaixadas ao nível de metabolismo do corpo humano com a natureza, e onde não existe troca, mas somente consumo[76].

A produção de coisas duráveis na sociedade moderna – a produção de máquinas – tem a finalidade de servir ao processo do

76. *Idem*, p. 221.

labor. Fabricados originalmente para construir o mundo durável, os objetos de uso, fabricados pelo *homo faber*, sempre foram destinados, também, a aliviar o esforço e a dor da atividade do labor. A diferença entre as ferramentas utilizadas na fabricação e aquelas que passam a pertencer à atividade do labor é que nas mãos do *homo faber* elas possuem caráter instrumental, do qual encontram-se destituídas as ferramentas utilizadas pelo *animal laborans*. O corpo do *animal laborans* e as ferramentas, bem como as máquinas, unificam-se ritmicamente no processo de labor, de tal forma que a categoria de meios e fins do *homo faber* não se aplica à atividade do labor.

A partir da mecanização e da automação, além disso, é a produção de máquinas que acaba por determinar as características dos produtos. É por isso que, para Arendt, a discussão sobre se o homem serve as máquinas ou se são as máquinas que servem o homem não é a questão mais relevante. Para ela, a questão é "se estas [máquinas] ainda servem ao mundo e às coisas do mundo ou se, pelo contrário, elas e seus processos automáticos passaram a dominar e até mesmo a destruir o mundo e as coisas"[77].

Em lugar de utilidade e beleza, que são critérios mundanos, passamos a produzir coisas que, embora ainda exerçam certas "funções básicas", têm sua forma determinada primordialmente pela operação das máquinas. As "funções básicas" são, naturalmente, as funções do processo vital do animal humano, visto que nenhuma outra função é basicamente necessária; o produto em si, porém – e não apenas suas variantes, mas até mesmo a

---

77. *Idem*, p. 164.

"mudança total para o novo produto" – passa a depender inteiramente da capacidade das máquinas[78].

A partir da Revolução Industrial, o mundo das máquinas constitui-se como o mundo durável do *animal laborans*. Arendt chama a atenção, porém, para o fato de que essa substituição do mundo real por um mundo de máquinas, jamais poderá "cumprir a mais importante tarefa do artifício humano, que é a de oferecer aos mortais um abrigo mais permanente e estável que eles mesmos"[79].

Ao transformar todas as coisas em bens de consumo, a acumulação de capital amplia-se às custas da destruição da durabilidade do mundo. Como se viu, a destruição dos objetos de uso está fundada na elevação das taxas de uso dos produtos, que permite, dessa maneira, que o processo ganhe velocidade a partir da futilidade dos bens de consumo. Se Marx demonstra que o capital não pode existir parado, Arendt mostra que a durabilidade do mundo precisa ser destruída para que o capital se movimente. Temos que

[...] devorar, por assim dizer, nossas casas, nossos carros, como se estes fossem as "boas coisas" da natureza que se deteriorariam se não fossem logo trazidas para o ciclo infindável do metabolismo do homem com a natureza[80].

A interminabilidade da produção só pode ser garantida se os seus produtos perderem o caráter de objetos de uso e se tornarem cada vez mais objetos de consumo[81].

---

78. *Idem*, p. 165.
79. *Idem, ibidem.*
80. *Idem*, p. 138.
81. *Idem, ibidem.*

um confronto entre as perspectivas...

A destruição da durabilidade do mundo corresponde à destruição da posse e da apropriação privadas, que só podem constituir-se, efetivamente, como posse e apropriação privadas, para Arendt, se referidas às coisas duráveis e mundanas: a posse de um lugar no mundo e a apropriação de objetos de uso. Os bens de consumo, dada a sua futilidade, podem ser tão somente consumidos ou abandonados à perecibilidade. Aquele tipo de apropriação, no entanto, que é sempre uma apropriação privada, impede o livre movimento da acumulação de capital, que torna-se mais fluída e veloz quanto mais forem fúteis as coisas, tais como são os bens de consumo, o dinheiro e a riqueza. Encontra-se aí uma das consequências mais importantes da diferenciação entre trabalho e labor, no pensamento de Arendt.

A privatividade, em todo sentido, pode apenas estorvar a evolução da "produtividade" social e, portanto, quaisquer considerações em torno da posse privada devem ser rejeitadas em benefício do crescente processo de acumulação de riqueza social; e isto não é uma invenção de Karl Marx, mas está, na verdade, contido na própria natureza dessa mesma sociedade[82].

Assim, a sociedade é, para Arendt, como Marx já havia demonstrado, o espaço da acumulação de capital assentada na reprodução do ciclo vital da sociedade; para essa pensadora, no entanto, a acumulação de capital pertence ao mundo do *animal laborans* e não ao mundo do *homo faber*, como Marx pensava. Se a produção generalizada de bens de consumo, na sociedade moderna, não é suficiente

82. *Idem*, p. 77.

para comprovar esse fato, a destruição do mundo pelo processo potencializado de reprodução da vida biológica deve constituir--se como prova desse fato, pois o ideal do *homo faber* é justamente a construção de um mundo durável. O mais grave, porém, é que as fronteiras entre o mundo e a natureza estão sendo destruídas; o primeiro vem sofrendo dois tipos de ameaça: as internas, representadas pelo crescimento brutal do ciclo vital que se processa dentro dele, e as externas, representadas pela interferência das experiências científicas nas forças naturais que o rodeiam.

A ABOLIÇÃO DA NECESSIDADE

Para Arendt, Marx considerou a produção moderna como produção natural. Essa crítica causa espécie, no entanto, uma vez que é bastante conhecido o caráter "historicamente determinado" da produção capitalista, ressaltado por Marx. Foi com base nessa convicção, inclusive, que Marx criticou os economistas clássicos, acusando-os de confundirem a produção capitalista com uma produção natural. Assim, se Arendt afirma que "o que Marx tinha ainda em comum com Locke era que pretendia ver o processo de crescente riqueza como processo natural"[83], Marx observa que "a quem considere esse modo de produção a eterna forma natural de produção social escapará necessariamente o que é específico da forma-mercadoria e dos seus desenvolvimentos posteriores, a forma-dinheiro, a forma-capital etc."[84]

---

83. *Idem*, p. 124.
84. K. Marx, *O Capital*, Livro I, vol. 1, p. 90.

Essas críticas, porém, estão fundadas nas diferentes perspectivas adotadas por Arendt e por Marx, para observar a realidade moderna. Quando Marx refere-se à "eterna forma natural de produção social", ele está se reportando à desconsideração pelo desenvolvimento histórico, que determina, segundo ele, o caráter específico da sociedade capitalista. Marx refere-se à relação de desenvolvimento que ele estabeleceu entre a sociedade capitalista e as formações sociais anteriores ou mesmo contemporâneas que não haviam alcançado, então, o estágio de evolução atingido pelo capitalismo. É por isso que Marx associou o termo "eterna" à expressão "forma natural".

Arendt, por sua vez, refere-se à naturalidade da sociedade capitalista, presente no pensamento de Marx, enquanto resultado de um desenvolvimento histórico governado por leis próprias. Se a sociedade capitalista é fruto de um desenvolvimento histórico que obedece a determinadas leis de movimento, então essa sociedade é uma sociedade natural; ainda que tenha características próprias, ela resulta de uma evolução natural da espécie. Para Arendt, como se viu, a sociedade moderna é a primeira esfera social da qual se tem notícia e se a mesma não é uma sociedade natural, não é por não apresentar especificidades, portanto, mas, sim, porque o processo vital que tem lugar na esfera pública, ao sofrer interferências de forças artificiais – externas ao próprio processo de sobrevivência individual e de reprodução da espécie –, deixa de ser natural. É um processo que ganha uma força propulsora que destrói não apenas o mundo construído pelos homens, mas ameaça a vida humana, como se verá. Para Marx, no entanto, esse processo de liberação das forças produtivas da sociedade pertence ao processo de evolução da espécie humana e é, por isso, natural: apenas mais um e, ao mesmo tempo, o último estágio da pré-história do homem.

O objetivo final desta obra é descobrir a lei econômica do movimento da sociedade moderna, – não pode ela suprimir, por saltos ou por decreto, as fases naturais de seu desenvolvimento. Mas, ela pode encurtar e reduzir as dores do parto. [...]
Minha concepção do desenvolvimento histórico-natural exclui, mais do que qualquer outra, a responsabilidade do indivíduo por relações das quais ele continua sendo, socialmente, criatura, por mais que, subjetivamente, se julgue acima delas[85].

Para Marx, os economistas clássicos não desvendaram a forma de valor das mercadorias, porque não compreenderam que esta é o resultado de relações sociais específicas de produção: a exploração capitalista. Essa exploração decorre do aparecimento, no mercado, da força de trabalho como uma mercadoria especial: o uso da força de trabalho (força de labor, para Arendt) produz mais valor do que o valor da própria força de trabalho, de modo que aquele valor que é produzido durante o processo produtivo e apropriado pelo capitalista, na forma de mercadorias, é superior ao valor apropriado, pelo trabalhador, na forma de salário. A diferença entre esses dois valores – o valor de uso e o valor da força de trabalho – é a mais--valia, que, pela ampliação da jornada de trabalho ou pela exploração intensiva do trabalho através do uso de máquinas, tem sua magnitude ampliada. A realização da mais-valia, gerada no processo de produção, depende dos preços estabelecidos para as mercadorias

85. *Idem*, p. 6 (Prefácio da 1ª edição).

no mercado, de modo que a magnitude do lucro – obtido com a venda dessas mercadorias – não coincide, necessariamente, com a magnitude da mais-valia[86].

Para Arendt, os valores são estabelecidos socialmente, o "valor consiste unicamente na estima da esfera pública na qual as coisas surgem como mercadorias; e o que confere esse valor a um objeto não é o labor nem o trabalho, não é o capital nem o lucro nem o material, mas única e exclusivamente a esfera pública, na qual o objeto surge para ser estimado, exigido ou desdenhado"[87]. Não existe produção de valores, para Arendt. O valor não é estabelecido pela valia intrínseca de uma coisa, pois, como nota essa pensadora, citando Locke, esse valor não é "independente da vontade do comprador ou vendedor individual; algo ligado à própria coisa, existente quer ele queira quer não e que ele deve reconhecer"[88]. Esse valor estabelecido socialmente não tem, também, quaisquer relações com o "valor de uso" presente na teoria de Marx.

Arendt observa que a expressão "valor de uso", presente na teoria do valor de Marx, não se refere nem aos objetos de uso nem à utilidade dos objetos de uso. O valor de uso, em Marx, está vinculado à funcionalidade das coisas e, portanto, ao ciclo vital consumidor. Essa funcionalização, presente na obra de Marx, é a mesma que está presente na utopia marxista: nessa sociedade as coisas seriam consideradas a partir da função que elas assumem no processo vital da sociedade e não a partir da mundanidade das mesmas.

---

86. Sobre a mais-valia, ver *O Capital*, Livro I, vol. 1.
87. H. Arendt, *A Condição Humana*, p. 177.
88. *Idem, ibidem.*

Numa sociedade completamente "socializada", cuja única finalidade fosse a sustentação do processo vital – e é este o ideal, infelizmente um tanto utópico, que orienta as teorias de Marx – a distinção entre labor e trabalho desapareceria completamente; todo trabalho tornar-se-ia labor, uma vez que todas as coisas seriam concebidas, não em sua qualidade mundana e objetiva, mas como resultados da força viva do labor, como funções do processo vital[89].

Não é a funcionalidade, para Arendt, todavia, que empresta valor a uma mercadoria, de modo que o motivo pelo qual "Marx reteve teimosamente a expressão 'valor de uso', bem como a razão das inúmeras e vãs tentativas de encontrar alguma fonte objetiva – como o trabalho, a terra ou o lucro – para o surgimento dos valores foi que ninguém achava fácil aceitar o simples fato de não existirem 'valores absolutos'"[90]. Se o "valor absoluto" representou um problema para a nascente ciência econômica, nota Arendt, não foi devido à relatividade dos valores estabelecidos socialmente, mas, sim, por causa da perda insuportável, para o *homo faber*, dos seus padrões e medidas "absolutos"[91].

Pois o dinheiro, que obviamente serve de denominador comum a todo tipo de coisa, de sorte que uma possa ser trocada por outra, não possui, de modo algum, a existência independente e objetiva, capaz de transcender

89. *Idem*, p. 100.
90. *Idem*, p. 179.
91. Para Arendt, "a confusão reinante na economia clássica e a confusão maior que resultou do uso do termo 'valor' (*value*) na filosofia foram originalmente causadas pelo fato de que a palavra mais antiga, 'valia' (*worth*), que ainda encontramos em Locke, foi suplantada pela expressão 'valor de uso', aparentemente mais científica". Segundo ela, Marx também teria adotado essa terminologia (*idem*, p. 178).

um confronto entre as perspectivas...

todo uso e sobreviver a toda manipulação, que a régua ou qualquer outro instrumento de medição possui em relação à coisa que deve medir e aos homens que a manuseiam[92].

Isso não significa, para Arendt, no entanto, que a produção capitalista não encontre o seu fundamento na exploração. Para ela, essa exploração existiu em diferentes períodos históricos e está assentada na capacidade que tem a atividade do labor de suprir a vida de mais de uma pessoa. Se, na sociedade moderna, essa exploração apresenta alguma especificidade em relação a outras formas de exploração, como a escravidão e a servidão, por exemplo, é que uma tal exploração passou a ser menos percebida com a considerável diminuição da dor e do esforço propiciada pela automação. É específica, ainda, porque é uma exploração impulsionada por forças artificiais: pela divisão do labor, fundada na atividade da ação, pela automação, assentada na divisão do labor, e pelo uso de tecnologias criadas em laboratórios – uma interferência das capacidades vinculadas à ação na reprodução da vida biológica humana e na natureza. Assim, se há algo específico na exploração moderna é a equiparação, no processo de produção, do operário às máquinas.

Se, em Marx, a utilização das máquinas "é o meio mais poderoso para aumentar a produtividade do trabalho, isto é, para diminuir o tempo de trabalho necessário à produção de uma mercadoria"[93], para Arendt, a partir da revolução industrial,

[...] o imenso crescimento da produtividade no mundo moderno não se deveu, de forma alguma, ao aumento da produtividade dos trabalhadores,

92. *Idem*, p. 180.
93. K. Marx, *O Capital*, Livro I, vol. 1, p. 459.

185

hannah arendt e karl marx: o mundo do trabalho

mas exclusivamente, ao desenvolvimento da tecnologia, e isso não dependeu nem da classe operária nem da burguesia, mas dos cientistas[94].

Mas se, em Marx, a utilização das máquinas aumenta a produtividade social do trabalho (labor), uma tal utilização tende a levar, ao mesmo tempo, à diminuição do número de trabalhadores no processo produtivo. Impulsionada pela concorrência intercapitalista, a acumulação do capital social tende, com o tempo, a diminuir a sua própria base de valorização, fundada na exploração da força de trabalho. Esse fenômeno deverá manifestar-se através de tendências à queda das taxas de lucro, que deverão marcar os últimos dias do sistema capitalista. Com a redução de operários e/ou do aumento da utilização de máquinas, ocorre a alteração da composição orgânica do capital da sociedade: modificações na relação entre o valor do capital constante (valor dos meios de produção) e o valor do capital variável (valor da força de trabalho) – enquanto o primeiro tende a elevar-se, o último tende a cair.

A grandeza crescente dos meios de produção, em relação à força de trabalho neles incorporada, expressa a produtividade crescente do trabalho. O aumento desta se patenteia, portanto, no decréscimo da quantidade de trabalho em relação à massa dos meios de produção que põe em movimento, ou na diminuição do fator subjetivo do processo de trabalho em relação aos seus fatores objetivos.

Essa mudança na composição técnica do capital, o aumento da massa dos meios de produção, comparada com a massa da força de trabalho que

94. H. Arendt, *Sobre a Violência*, p. 53.

os vivifica reflete-se na composição do valor do capital, com o aumento da parte constante às custas da parte variável[95].

As diferenças, entre Arendt e Marx, a respeito das tendências presentes no mundo moderno devem-se, em parte, à não admissão, por Arendt, de que os valores sejam produzidos na esfera da produção. Porque os valores são socialmente estabelecidos, a tendência à queda nas taxas de lucro, por força da redução da base de valorização do capital, não aparece no pensamento arendtiano. Por outro lado, enquanto as contradições da produção capitalista, no pensamento de Marx, são dadas pela lógica da acumulação de capital, em Arendt, é a contradição entre a produção e o consumo que condiciona as tendências presentes no mundo moderno.

Segundo Arendt, é a privatividade do consumo que entra em contradição com a crescente riqueza social, no mundo moderno. É que a expropriação da propriedade privada não liquidou com a privatividade: "a propriedade moderna perdeu seu caráter mundano e passou a situar-se na própria pessoa, isto é, naquilo que o indivíduo somente podia perder juntamente com a vida"[96].

Os limites dados pelo consumo privado à produtividade crescente, associados aos limites geográficos impostos à expansão dos mercados, acabariam por levar à abolição da necessidade[97]. Arendt

---

95. K. Marx, *O Capital*, Livro I, vol. 2, p. 723.
96. H. Arendt, *A Condição Humana*, p. 80.
97. Em *Origens do Totalitarismo*, Arendt afirma sua afinidade com o pensamento de Rosa de Luxemburgo, quando se refere à expansão do sistema capitalista, a partir da necessidade da busca de novos mercados. No âmbito dos debates da teoria econômica, Rosa de Luxemburgo tem sido enquadrada dentro da corrente que defende o subconsumo como o causador das crises do sistema capitalista, em oposição a

hannah arendt e karl marx: o mundo do trabalho

considerou a generalização da abundância, porém, uma situação limite, que estaria longe de realizar-se, de forma que a tendência seria a permanente destruição da durabilidade do mundo, por meio da elevação das taxas de uso dos produtos, para compatibilizar o aumento da riqueza com o consumo privado[98]. Esse processo constitui-se como tendência

> [...] pois a riqueza depois que se tornou preocupação pública, adquiriu tais proporções que dificilmente poderia ser controlada pela posse privada. É como se a esfera pública se tenha vingado daqueles que tentaram utilizá-la em benefício de seus interesses privados[99].

Ainda que Arendt tenha afirmado que o resultado final do desdobramento de tendências presentes no mundo moderno fosse o advento da sociedade de empregados sem emprego, ela não mencionou o rastro de desemprego que a aplicação de novas tecnologias deixaria atrás de si. Quando Arendt fala da sociedade de empregados sem emprego, não está se referindo ao desemprego, e, sim, à abolição do labor acompanhada da generalização da abundância. Ela imaginou que esse acontecimento seria alcançado a partir da

---

uma corrente que vê na superprodução o móvel das mesmas. É importante notar que Arendt não se ocupou das crises cíclicas do sistema capitalista, bem como não se refere, aqui, aos limites impostos à valorização da riqueza pelo poder aquisitivo dos indivíduos.

98. Essa análise arendtiana não tem correspondência com os esquemas de reprodução de Marx, que se ocupam do estudo das relações de magnitude entre as demandas interdepartamentais. O próprio Kalecki que incluiu nos esquemas de reprodução o departamento de bens duráveis – os bens de consumo dos capitalistas –, não estava interessado na durabilidade desses produtos.

99. H. Arendt, *A Condição Humana*, p. 80.

um confronto entre as perspectivas...

redução das horas dedicadas ao labor, não tendo se dedicado, no entanto, a descrever os detalhes a respeito de como se daria a distribuição daquela abundância.

O tempo vago que a diversão deveria ocupar é um hiato no ciclo de trabalho condicionado biologicamente – no "metabolismo do homem com a natureza", como Marx costumava dizer. Sob as condições modernas, esse hiato cresce constantemente; há cada vez mais tempo livre que cumpre ocupar com entretenimentos[100].

Embora Arendt não tenha tratado do desemprego, o seu pensamento não perde a importância para uma reflexão a respeito do mesmo, pois além de ser, o desemprego, abolição do labor – desacompanhada, todavia, da generalização da abundância, prevista por Arendt –, uma tal abolição tem, no pensamento arendtiano, o sentido de um problema existencial para o homem moderno, como se verá[101].

A abolição da necessidade presente na utopia de Marx é, para Arendt, um sonho antigo da humanidade, que está associado à futilidade do labor.

A vida, que para todas as outras espécies animais é a própria essência do ser, torna-se um ônus para o homem em virtude de sua inata "repugnância à futilidade" (Veblen). Este ônus se torna ainda mais pesado pelo

---

100. H. Arendt, "A Crise na Cultura: Sua Importância Social e Política", *Entre o Passado e o Futuro*, p. 258.
101. A imperceptibilidade de uma eventual tendência à queda nas taxas de lucro também não torna o pensamento de Marx menos imprescindível para uma reflexão a respeito do desemprego e do mundo moderno.

hannah arendt e karl marx: o mundo do trabalho

fato de que nenhum dos chamados "desejos superiores" possui a mesma urgência ou é realmente forçado ao homem pela necessidade, como o são as carências elementares da vida[102].

O problema para Arendt é que a utopia marxista já não parece tão utópica assim. A sociedade que está prestes a libertar-se do labor é uma sociedade de empregados: o espaço em que as outras atividades não encontram lugar para manifestar-se e onde, com raras exceções, todos os indivíduos estão ocupados com a sua sobrevivência.

Até mesmo presidentes, reis e primeiros-ministros concebem seus cargos como tarefas necessárias à vida da sociedade; e, entre os intelectuais, somente alguns indivíduos isolados consideram ainda o que fazem em termos de trabalho[103].

O que quer que façamos, devemos fazê-lo a fim de "ganhar o próprio sustento"; é este o veredicto da sociedade, e o número de pessoas que poderiam desafiá-lo vem diminuindo consideravelmente[104].

Porque o *animal laborans* ocupou o espaço público no mundo moderno, um óbice à criação de uma esfera pública livre – o que existe são apenas "atividades privadas exibidas em público" –, o perigo, para Arendt, é que, uma vez abolida a necessidade e, a exemplo da utopia de Marx, restem tão somente os *hobbies* como ocupação para os homens, "atividades estritamente privadas e es-

102. H. Arendt, *A Condição Humana*, p. 131.
103. *Idem*, p. 13.
104. *Idem*, p. 139.

um confronto entre as perspectivas...

sencialmente isoladas do mundo"[105]. Além disso, uma vez que a crença de Marx na sociedade utópica estava associada, também, à ideia de que, uma vez conquistadas as horas vagas não destinadas à dor e ao esforço do labor, o *animal laborans* se dedicaria a atividades "superiores", Arendt lembra:

> [...] cem anos depois de Marx sabemos quão falaz é este raciocínio: as horas vagas do *animal laborans* jamais são gastas em outra coisa senão em consumir; e, quanto maior é o tempo de que ele dispõe, mais ávidos e insaciáveis são os seus apetites[106].

A abolição da necessidade, além do mais, tornaria mais grave o problema que já mostra o seu rosto no mundo moderno: a produção de lazer como forma de exaurir as forças não despendidas na atividade do labor. O lazer no mundo moderno é, no entanto, apenas uma extensão do consumo moderno.

Os produtos oferecidos pela indústria de diversão são com efeito consumidos pela sociedade exatamente como quaisquer outros bens de consumo. Os produtos necessários à diversão servem [...] para passar o tempo, e o tempo vago que é "matado" não é o tempo de lazer, estritamente falando – isto é, um tempo em que estejamos libertos *de* todos os cuidados e atividades requeridos pelo processo vital e livres portanto *para* o mundo e sua cultura –, ele é antes tempo de sobra, que sobrou depois que o trabalho e o sono receberam seu quinhão[107].

A realidade do mundo moderno é "aquilo que eufemisticamente se chama cultura de massas; e o seu profundo problema é a infe-

---

105. *Idem*, p. 130.
106. *Idem*, p. 146.
107. H. Arendt, "A Crise na Cultura: Sua Importância Social e Política", p. 257.

licidade universal, devida, de um lado, à perturbação do equilíbrio entre o labor e o consumo e, de outro, à persistente exigência do *animal laborans* de perseguir uma felicidade que só pode ser alcançada quando os processos vitais de exaustão e regeneração de dor e de alijamento da dor estão em perfeito equilíbrio"[108]. Porque o vigor da vida biológica depende do esforço despendido no labor, o fim da necessidade significaria "uma vida sem vida", principalmente num mundo onde não há espaço para nenhuma das outras atividades componentes da *vita activa*.

Para Arendt, a divisão da sociedade em classes foi abolida com o desaparecimento das fronteiras entre os espaços privado e público, a partir do advento da Revolução industrial – só a existência de um espaço público-político permitiria diferenciar, de um ponto de vista estritamente político, os homens em classes. Para essa pensadora, capitalistas e trabalhadores encontram-se submetidos ao ciclo vital da sociedade – ao mundo da necessidade –, de modo que os primeiros não poderão escapar à expropriação, que faz parte da natureza desse processo.

Observar a acumulação de capital como um processo expropriador é, também, uma maneira de ver o processo de centralização de capital, fundado na concorrência intercapitalista e para o qual Marx chamou a atenção. A ênfase de Arendt sobre a expropriação do capitalista e a ênfase de Marx sobre a centralização do capital – contrapartida daquela expropriação – têm origem nos pontos de vistas diferenciados a partir dos quais esses pensadores encararam a

---

108. H. Arendt, *A Condição Humana*, p. 146.

um confronto entre as perspectivas...

propriedade privada: o ponto de vista existencial e o ponto de vista da acumulação de capital, respectivamente.

O que temos agora é [...] a expropriação do capitalista pelo capitalista, a transformação de muitos capitais pequenos em poucos capitais grandes. [...] Esta é a centralização propriamente dita[109].

A propriedade privada tem, para Arendt, duas funções não privativas: é o lugar onde as necessidades são supridas a partir da produção dos meios de sobrevivência e é, também, o local em que o homem se resguarda da publicidade, que, em excesso, torna superficial a vida das pessoas – a propriedade é um esconderijo necessário ao florescimento da vida humana. É o lugar, portanto, onde o homem cuida da sua vida biológica e encontra segurança, familiaridade e confiança no mundo. Além dessas duas funções, a propriedade tem uma função privativa que move o seu proprietário para um mundo comum exterior. Por corresponder a uma privação, a propriedade é o lugar de onde o homem pode partir para superar a futilidade de uma vida exclusivamente dedicada ao labor, fundando e usufruindo um mundo comum, capaz de reconhecê-lo em sua identidade única.

É por não possuir uma propriedade privada que o *animal laborans* não pode, na sociedade utópica de Marx, transcender, segundo Arendt, a sua condição de membro de espécie. A propriedade coletiva dos meios de produção não pode substituir, para Arendt, o sentido existencial que a propriedade privada tem para o homem. Além disso, a propriedade coletiva é uma contradição:

109. K. Marx, *O Capital*, Livro I, vol. 2, p. 727.

hannah arendt e karl marx: o mundo do trabalho

[...] a posse coletiva é, quando se reflete por um segundo, uma contradição em termos. Propriedade é o que me pertence; posse se refere ao que eu possuo, por definição. Os meios de produção de outra pessoa não me pertencem, é claro; podem talvez ser controladas por uma terceira autoridade, o que significa que não pertencem a ninguém[110].

A existência de pobres, nota Arendt, é um fenômeno moderno que surgiu com a expropriação. A primeira vez que ocuparam o espaço público foi durante a Revolução Francesa – os *sans-cullotes* –, um fenômeno que teve sua origem na expropriação que aconteceu no início da era moderna, mas que vem se processando até os dias de hoje, a partir da geração de "mais expropriações, maior produtividade e mais apropriações"[111].

Se eu fosse julgar tais transformações de um ponto de vista marxista, diria: talvez a expropriação esteja, na verdade, na própria natureza da produção moderna, e o socialismo é, como pensava Marx, nada mais que o resultado inevitável da sociedade industrial iniciada pelo capitalismo[112].

---

110. H. Arendt, "Reflexões sobre Política e Revolução", *Crises da República*, São Paulo, Perspectiva, 1973, p. 184. As privatizações de bens públicos, hoje, no Brasil, são bastante elucidativas a esse respeito.

111. H. Arendt, *A Condição Humana*, p. 267.

112. "Reflexões sobre Política e Revolução", p. 184. Para Arendt, o capitalismo e o socialismo estão igualmente fundados nas expropriações. "Nosso problema hoje não é como expropriar os expropriadores, mas antes, como arrumar as coisas de modo que as massas, despojadas pela sociedade industrial nos sistemas capitalista e socialista, possam recuperar a propriedade. Por esta única razão a alternativa entre capitalismo e socialismo é falsa – não apenas porque nenhum deles existe em qualquer parte no seu estado puro, mas porque o que temos são gêmeos, cada um usando um chapéu diferente" (*idem, ibidem*). A impossibilidade de apropriação de um lugar no mundo pelo indivíduo e sua família no socialismo está assentada, para Arendt, no poder do Estado de expropriá-lo, a qualquer momento.

um confronto entre as perspectivas...

Isso não quer dizer que Arendt proponha a reinvenção do passado. Para essa pensadora, e essa era uma convicção que ela já possuía em 1950, "todos os esforços para fugir do horror do presente, refugiando-se na nostalgia por um passado ainda eventualmente intacto ou no antecipado oblívio de um futuro melhor são vãos"[113]. Para Arendt, a questão que o mundo moderno nos coloca é "fundamentalmente [...] [a] questão de saber quanta propriedade e quantos direitos se pode permitir a uma pessoa possuir"[114].

Diferentemente de Marx, que acreditava no surgimento do "homem novo" para a construção de uma nova sociedade, Arendt crê que o homem pode "construir a experiência genuína do mundo e do amor pelo mundo"[115] com as capacidades de que dispõe, a menos que, a ausência de um lugar no mundo ou o condicionamento às facilidades do consumo e do lazer, impeçam que o sentimento de "repugnância à futilidade" manifeste-se como impulso rumo à liberdade.

---

113. H. Arendt, *Origens do Totalitarismo*, p. 13.
114. H. Arendt, "Reflexões sobre Política e Revolução", p. 184.
115. H. Arendt, *A Condição Humana*, p. 338.

Conclusão

As atividades componentes da *vita activa*, por sua natureza mesma, encontram-se vinculadas a uma determinada esfera da vida humana; no caso do labor, é o corpo do homem que empresta a esta atividade o seu caráter privado. Na sociedade moderna, todavia, o labor, enquanto produção dos meios de sobrevivência, tem a sua esfera pública própria – a esfera social.

Ainda que realize sua atividade publicamente, o homem moderno encontra-se submetido à privação da privatividade; é que a esfera social está fundada no isolamento entre os homens. Desconhecido em sua individualidade própria, o homem que se dedica ao labor é um ser igual aos demais. Essa é a igualdade perante a morte, como salientou Arendt, e é nesse sentido que o homem, na sociedade moderna, encontra na imortalidade da espécie a sua própria imortalidade.

Arendt observa que o homem moderno com suas experiências científicas – a criação da vida em proveta, as viagens espaciais – parece querer abandonar a sua própria condição humana. Talvez ele queira escapar da morte, não mais pelo testemunho e pela memória de sua existência, como entre os antigos, mas pela imortalidade do próprio corpo. A clonagem, que estaria, provavelmente, no rol das perplexidades de Arendt, se essa pensadora tivesse tomado conhecimento de uma tal experiência, é um passo nesse sentido: através dessa experiência o homem pode renascer a cada morte. Mas essa seria, ainda, a imortalidade do *animal laborans*, pois ela não é a imortalidade alcançada a partir da revelação da identidade de um ser único. Além disso, este homem, criado por meio da clonagem, só poderia ser o mesmo homem singular, caso fossem passíveis de reprodução as mesmas condições da sua existência anterior. Supondo que isso fosse possível, o nascimento não seria mais a condição humana do inesperado e a contingência seria, então, de fato, abolida definitivamente da face da Terra. Mas essas são apenas especulações, a realidade parece mostrar-se muito mais avessa à vida biológica do que à sua imortalidade.

A alienação do homem frente ao mundo é, para Arendt, a alienação do homem perante a sua própria morte. Esse homem, que não pode transcender a condição humana da mortalidade, pela revelação da identidade própria, dedica-se exclusivamente à vida.

Para um homem desapossado – aquele que não tem um lugar no mundo – as necessidades tornam-se ainda mais prementes e mais importantes: transformam-se na sua única preocupação. Ao

conclusão

contrário de um ser naturalmente egoísta, o homem, no mundo moderno, é, para Arendt, um ser frágil diante da existência, que busca a segurança no consumo e no aumento da riqueza. O homem é um ser frágil diante da existência porque vem para o mundo "de parte nenhuma" e desaparece "para parte nenhuma". A propriedade privada, entendida como um lugar no mundo e não como riqueza, é o lugar que empresta segurança e estabilidade ao homem. É a partir desse lugar que ele pode promover a transcendência de sua condição de membro da espécie humana e de ser mortal, mostrando para o mundo e para si próprio quem é e do que é capaz. É por isso que a coragem é, para Arendt, uma qualidade associada à atividade da ação, assentada, no entanto, na posse de um lugar no mundo: o lugar de onde se pode partir para as luzes públicas, porque é para ele que se pode voltar depois de brilhar.

A importância da propriedade privada, em Arendt, é, assim, existencial. Por isso a expropriação que está na origem do sistema capitalista é brutal. O homem não foi apenas expropriado materialmente, foi expropriado em sua segurança e confiança no mundo. Foi esse homem que apareceu no espaço público na era moderna e transformou-se no homem que vive em sociedade. Um homem que, ao contrário do que pensam alguns, é tão pouco natural que, no início da era moderna, seu labor era escondido atrás de altos muros. Sua emancipação somente foi alcançada depois que se consumou a emancipação pública do próprio labor, com a grande indústria. E foi a primeira vez, na história, como lembrou Arendt, que homens sem um lugar no mundo puderam transformar-se em cidadãos.

Para Arendt e para Marx, a sociedade capitalista só tende a ampliar o número dos expropriados. No mundo moderno, como notou Arendt, a sociedade é o lugar onde todos, com raras exceções, estão ocupados com a sua sobrevivência – o labor é uma atividade generalizada e não se restringe mais a uma classe de operários. A abundância e a sofisticação que de fato estão presentes na sociedade capitalista não se generalizaram, todavia, e a abolição da necessidade continua uma realidade distante.

A discussão a respeito das contradições que estão na origem dessa realidade e que foram analisadas no último capítulo deste estudo não se encontra entre as preocupações desta conclusão. Importa discutir, aqui, o problema que assola o mundo do trabalho hoje: o desemprego. Mas o desemprego sempre foi uma característica da sociedade capitalista, de modo que o desemprego enquanto problema atual é aquele resultante da aplicação da técnica e da ciência em todos os setores econômicos e que, embora não seja um fenômeno novo, atingiu, na atualidade, proporções inusitadas.

Tanto Arendt quanto Marx estiveram preocupados com a abolição do trabalho (labor), ainda que não tenham se dedicado a um estudo específico a respeito do mesmo. Entre as perplexidades de Arendt está "a sociedade de empregados sem emprego", e Marx, por sua vez, apontou muitas vezes a substituição dos trabalhadores por máquinas como o resultado último da acumulação de capital. Arendt e Marx estiveram mais preocupados, porém, com a abolição da necessidade, ainda que por motivos totalmente diversos: Arendt procurou mostrar os problemas existenciais que acompanhariam o fenômeno da abolição da necessidade, um fenômeno que seria

conclusão

alcançado, segundo ela, a partir da generalização da abundância pela aplicação de novos conhecimentos técnicos e científicos à produção; Marx, por sua vez, via o desemprego resultante daquela substituição do trabalhador por máquinas, como o marco da passagem para uma nova sociedade.

Esta conclusão não se ocupa dos rumos que a sociedade moderna vai tomar amanhã, embora esses rumos representem, efetivamente, motivo de preocupação. O importante para esta conclusão é que, ainda que Arendt e Marx não tenham se dedicado a uma análise específica do desemprego induzido pela aplicação de novas tecnologias, o pensamento de cada um deles é fundamental para uma reflexão a respeito do mesmo[1].

A especificidade do desemprego, hoje, encontra-se na exclusão de boa parte dos desempregados daquilo que Marx chamou de o exército de reserva. O desempregado passou a fazer parte de um contingente que deve ampliar-se significativamente nos próximos anos: são os homens que o sistema mastigou e cuspiu, de modo que, se na origem da sociedade capitalista, haviam sido expropriados e incorporados ao processo de acumulação de capital, os homens que o capital descarta, agora, são aqueles que sequer

---

1. O mais provável é que a maior parte das tendências apontadas tanto por Arendt quanto por Marx encontrem-se presentes no mundo moderno, já que a acumulação de capital encontra-se assentada no ciclo vital da sociedade, ainda que nada se possa afirmar sobre a intensidade com que deverão se desdobrar no tempo ou sobre a diversidade com que deverão se realizar no espaço, bem como sobre a vitória de algumas delas sobre as demais. Na atualidade, o problema que atinge o mundo do trabalho é, na maior parte do globo, o desemprego, ainda que a eficiência dos mecanismos de segurança e de assistência dados aos desempregados, pelos governos, varie de país para país.

dispõem de sua força de *trabalho* (força de labor, para Arendt) como mercadoria.

Para o capital interessa a força de *trabalho,* e foi desse ponto de vista, do ponto de vista do capital, que Marx analisou o processo de acumulação. O homem e o seu corpo, que as máquinas estão incumbidas de tornar descartáveis, só podem representar um empecilho ao ritmo cada vez mais veloz com que pretende se processar a acumulação de capital. Assim, não pertence à lógica da acumulação de capital, como propõem alguns, a substituição de um *trabalhador* por dois ou mais *trabalhadores,* por meio da segmentação artificial da jornada de trabalho, com a finalidade de reduzir o desemprego. A realidade mostra, ao contrário, que a magnitude do desemprego atual vem pressionando no sentido da ampliação das horas trabalhadas por aqueles que se encontram empregados, bem como da redução dos salários e dos direitos adquiridos, como Marx já havia salientado.

Enaltecer o tempo livre que o homem deverá conquistar nos próximos anos é uma outra forma de fugir do problema. É desacompanhado dos meios de sobrevivência que o tempo livre vem sendo, predominantemente, conquistado. O sistema capitalista que se fez acompanhar da perda do mundo comum, da destruição da durabilidade do mundo, quer descartar-se, agora, da própria vida humana, como se fosse possível prosseguir, em seu movimento, longe do ciclo vital da espécie. O "desempregado", expulso do mercado de trabalho e detentor apenas da posse do próprio corpo, não pode mais suprir as suas necessidades na esfera social. Sem um lugar no mundo, acabou expulso do ciclo vital da própria espécie, que no mundo moderno, como se viu, só se realiza em sociedade.

conclusão

Ainda que o pensamento de Arendt e o pensamento de Marx apresentem aspectos conflitantes e muitas vezes inconciliáveis entre si, as perspectivas diferenciadas a partir das quais esses pensadores observaram a sociedade moderna tendem a se completar em muitos casos. É que a incompatibilidade – aquela que realmente importa – encontra-se na própria realidade. Os problemas da acumulação de capital não coincidem com os problemas existenciais do homem moderno, para os quais Arendt chamou a atenção.

Esse último fato não deve ser tão óbvio quanto parece à primeira vista, sendo necessário, por isso mesmo, salientar que, ainda que Arendt e Marx houvessem observado a realidade a partir de perspectivas diferentes, nenhum dos dois jamais acreditou nas leis do mercado como solução para os problemas do homem moderno. Confiar naquelas leis é acreditar que o sistema, ao mover-se por si próprio, é capaz de solucionar os problemas presentes na sociedade[2].

O problema moderno que vem abalando o mundo do trabalho é um problema político. Como Arendt alertou, as questões políticas não podem ser resolvidas teoricamente e nem por uma só pessoa: "estão sujeitas ao acordo de muitos". Algumas questões, entre outras, no entanto, merecem ser consideradas quando a pauta dessa discussão for elaborada: a propriedade privada como um lugar no mundo[3]; a preservação do labor como atividade que corresponde à

---

2. Naturalmente, uma crença dessa natureza interessa apenas àquele que tem cacife para apostar num movimento que é expropriador e que costuma ser chamado de "livre concorrência": o grande capital.

3. Essa é uma questão urgente em países, como o Brasil, que têm nos viadutos e pontes o mais novo local de moradia para os desempregados.

hannah arendt e karl marx: o mundo do trabalho

condição humana da vida e o "avanço" tecnológico como indutor do desemprego.

A questão do "desenvolvimento" tecnológico não se esgota, entretanto, na questão do desemprego, ela pertence à discussão mais geral do "avanço" do conhecimento técnico e científico que vem destruindo o mundo e ameaçando a vida, de modo que é preciso discutir "se desejamos usar nessa direção nosso novo conhecimento científico e técnico – e esta questão não pode ser resolvida por meios científicos"[4].

Mas, assim como Arendt alertou para o fato de que a discussão sobre o conhecimento técnico e científico é uma questão política de primeira grandeza e, portanto, "não deve ser decidida por cientistas profissionais nem por políticos profissionais"[5], isso vale, também, para a discussão sobre o emprego e o desemprego. Por ser um problema político e por envolver a todos na sociedade que é a "sociedade de empregados", deve contar com participação de todos – os empregados, os desempregados e todos os demais –, não na condição de profissionais, mas na condição de cidadãos.

---

4. H. Arendt, *A Condição Humana*, p. 11.
5. *Idem, ibidem*.

Bibliografia

De Hannah Arendt

ARENDT, H. *A Condição Humana*. Rio de Janeiro. Forense Universitária, 1995 / *The Human Condition*. Chicago, The University Chicago Press, 1989.

_____. *A Dignidade da Política*. Rio de Janeiro. Relume-Dumará. 1993.

_____. *A Vida do Espírito: o Pensar, o Querer, o Julgar*. Trad. Antônio Abranches, Cesar Augusto R. de Almeida e Helena Martins. Rio de Janeiro, Relume-Dumará, 1992.

_____. *Crises da República*. Trad. José Volkmmann. São Paulo, Perspectiva, 1973.

_____. *Da Revolução*. Trad. Fernando Dídimo Vieira. São Paulo, Ática & Ed. UnB. 1990.

hannah arendt e karl marx: o mundo do trabalho

_____ . *Entre o Passado e o Futuro*. São Paulo, Perspectiva, 1992.

_____ . *Lições sobre a Filosofia Política de Kant*. Trad. André Duarte. Rio de Janeiro, Relume-Dumará, 1993.

_____ . *Origens do Totalitarismo*. Trad. Roberto Raposo. São Paulo, Companhia das Letras, 1989.

_____ . *Qu'est-ce que la politique?* Paris, Éditions du Seuil, 1995.

_____ . *Sobre a Violência*. Trad. André Duarte. Rio de Janeiro, Relume-Dumará, 1994.

_____ ."Travail, œuvre, action". *Études Phénoménologiques,* t. 1, n. 2, Bruxelas, Ousia. 1985.

Hannah Arendt/Jaspers. Karl, 1926–1969. Trad. (de l'allemand) Éliane Kaufholz-Messmer. Paris, Payot & Rivages, 1995.

De Outros Autores

AMIEL, A. *Hannah Arendt, Política e Acontecimento*. Lisboa. Instituto Piaget, 1996. (Coleção Pensamento e Filosofia)

BAKAN, M. "Hannah Arendt's Concepts of Labor and Work". In HILL, M. (ed.). *Hannah Arendt and the Recovery of the Public World*. New York, St. Martin's Press, 1979.

CRESPIGNY, A. & MINOGUE, K. "Hannah Arendt: A Nostalgia Helênica e a Sociedade Industrial". *Filosofia Política Contemporânea*. Ed. UnB, 1979.

CRITELLI, D. M. *Analítica do Sentido: Uma Aproximação e Interpretação do Real de Orientação Fenomenológica*. São Paulo, EDUC/Brasiliense, 1996.

CUNHA, Antônio Geraldo da. *Dicionário Etimológico Nova Fronteira da Língua Portuguesa*. Rio de Janeiro, Nova Fronteira, 1997.

DUARTE, A. *O Pensamento à Sombra da Ruptura: Política e Filosofia na Reflexão de Hannah Arendt*. São Paulo, Tese de Doutorado/USP, 1997.

ENGELS, F. A. *Dialética da Natureza*. Rio de Janeiro, Paz e Terra, 1979.

FRANCISCO, Maria de Fátima S. "Pensamento e Ação em Hannah Arendt". *Tras/form/ação*. *Revista de Filosofia*, vol. 19. Unesp, São Paulo, 1996.

bibliografia

HABERMAS, J. *Après Marx*. Paris, Hachette Littératures, 1997.

LAFER, C. "A Política e a Condição Humana". In ARENDT, H. *A Condição Humana*. Rio de Janeiro, Forense Universitária, 1995.

MARX, K. *Elementos Fundamentales para la Crítica de la Economia Política (Grundrisse) 1857-1858,* vol. 1. Trad. Pedro Scaron. México, Siglo Veintiuno, 1980.

_____. *Formações Econômicas Pré-capitalistas*. Org. Eric Hobsbawn. Trad. João Maia. Rio de Janeiro, Paz e Terra, 1977.

_____. *O Capital*. Livro I, vols. 1 e 2, Livro III, vol. 5. Rio de Janeiro, Civilização Brasileira, 1980.

_____. "Para a Crítica da Economia Política". In *Os Pensadores*. Trad. José Carlos Bruni. São Paulo, Abril Cultural, 1985.

MOLOMB'EBEBE, M. *Le paradoxe comme fondement et horizon du politique chez Hannah Arendt*. Belgique, De Boeck Université, 1997.

PAREKH, B. "Hannah Arendt's critique of Marx". In HILL, M. (ed.). *Hannah Arendt and the Recovery of the Public World*. New York. St. Martin's Press, 1979.

_____. *Pensadores Políticos Contemporâneos*. Alianza Editorial.

PEREIRA DA SILVA, J. "Repensando a Relação entre Trabalho e Cidadania Social". *São Paulo em Perspectiva*, vol. 9, n. 4. São Paulo, SEADE, 1995.

RICOEUR P. "Hannah Arendt: Da Filosofia ao Político (1987)." *Em Torno ao Político*. Leituras n. 1. São Paulo, Edições Loyola, 1995.

ROVIELLO, A.-M. *Senso Comum e Modernidade em Hannah Arendt*. Lisboa, Instituto Piaget, 1997 (Coleção Pensamento e Filosofia).

TAMINIAUX, J. "La vie de quelqu'un". In *Les cahiers du grif*, n. 33. Paris. Deuxtemps Tierce.

YOUNG-BRUEHL, E. *Por Amor ao Mundo: A Vida e Obra de Hannah Arendt*. Trad. Antônio Trânsito. Rio de Janeiro, Relume-Dumará, 1997.

Título	*Hannah Arendt e Karl Marx:*
	O Mundo do Trabalho
Autora	Eugênia Sales Wagner
Editor	Plinio Martins Filho
Produção Editorial	Aline Sato
Projeto Gráfico e Capa	Ricardo Assis
Editoração Eletrônica	Aline Sato
	Camyle Cosentino
Formato	15 x 20 cm
Papel de Capa	Cartão Supremo 250 g/m²
Papel de Miolo	Chambril Avena 80 g/m²
Número de Páginas	208
Impressão e Acabamento	Graphium